# HISTOIRE D'UNE MONTAGNE

PAR

ÉLISÉE RECLUS

BIBLIOTHÈQUE
D'ÉDUCATION ET DE RÉCRÉATION
J. HETZEL ET Cⁱᵉ, 18, RUE JACOB
PARIS

Tous droits de traduction et de reproduction réservés.

# HISTOIRE
# D'UNE MONTAGNE

# HISTOIRE D'UNE MONTAGNE

PAR

ÉLISÉE RECLUS

BIBLIOTHÈQUE
D'ÉDUCATION ET DE RÉCRÉATION
J. HETZEL ET Cie, 18, RUE JACOB
PARIS

Tous droits de traduction et de reproduction réservés.

# HISTOIRE D'UNE MONTAGNE

## CHAPITRE I

### L'ASILE

J'étais triste, abattu, las de la vie. La destinée avait été dure pour moi, elle avait enlevé des êtres qui m'étaient chers, ruiné mes projets, mis à néant mes espérances. Des hommes que j'appelais mes amis s'étaient retournés contre moi en me voyant assailli par le malheur; l'humanité tout entière, avec ses intérêts en lutte et ses passions déchaînées, m'avait paru hideuse. Je voulais à tout prix m'échapper, soit pour mourir, soit pour retrouver, dans la solitude, ma force et le calme de mon esprit.

Sans trop savoir où me conduisaient mes pas, j'étais sorti de la ville bruyante, et je me dirigeais vers les grandes montagnes dont je voyais le profil denteler le bout de l'horizon.

Je marchais devant moi, suivant les chemins de traverse et m'arrêtant le soir devant les auberges écartées. Le son d'une voix humaine, le bruit d'un pas, me faisaient frissonner; mais, quand je cheminais solitaire, j'écoutais avec un plaisir mélancolique le chant des oiseaux, le murmure de la rivière et les mille rumeurs échappées des grands bois.

Enfin, marchant toujours au hasard par route ou par sentier, j'arrivai à l'entrée du premier défilé de la montagne. La large plaine rayée de sillons s'arrêtait brusquement au pied des rochers et des pentes ombragées de châtaigniers. Les hautes cimes bleues aperçues de loin avaient disparu derrière des sommets moins hauts, mais plus rapprochés. A côté de moi la rivière, qui plus bas s'étalait en une vaste nappe, se plissant sur les cailloux, coulait inclinée et rapide entre des roches lisses et revêtues de mousses noirâtres. Au-dessus de chaque rive, un coteau, premier contrefort des monts, dressait ses escarpements et portait sur sa tête les ruines d'une grosse tour, qui jadis fut la gardienne de la vallée. Je me sentais enfermé entre les deux murailles ; j'avais quitté la région des grandes villes, des fumées et du bruit ; derrière moi étaient restés ennemis et faux amis.

Pour la première fois depuis bien longtemps, j'éprouvai un mouvement de joie réelle. Mon pas devint plus allègre, mon regard plus assuré. Je m'arrêtai pour aspirer avec volupté l'air pur descendu de la montagne.

Dans ce pays, plus de grandes routes couvertes de cailloux, de poussière ou de boue ; maintenant j'ai quitté les basses plaines, je suis dans la montagne non encore asservie ! Un sentier, tracé par les pas des chèvres et des bergers, se détache du cheminot plus large qui suit le fond de la vallée et monte obliquement sur le flanc des hauteurs. C'est la route que je prends pour être bien sûr d'être enfin seul.

M'élevant à chaque pas, je vois se rapetisser les hommes qui passent sur le sentier du fond. Les hameaux, les villages, me sont à demi cachés par leurs propres fumées, brouillard d'un gris bleuâtre qui rampe lentement sur les hauteurs et se déchire en route aux lisières de la forêt.

Vers le soir, après avoir contourné plusieurs escarpements de rochers, dépassé de nombreux ravins, franchi, en sautant de pierre en pierre, bien des ruisselets tapageurs, j'atteignis la base d'un promontoire dominant au loin rochers, bois et pâturages. A la cime apparaissait une cabane enfumée, et des brebis paissaient à l'entour sur les pentes. Pareil à un ruban déroulé dans le velours du gazon, ce sentier jaunâtre montait vers la cabane et semblait s'y arrêter. Plus loin, je n'apercevais que de grands ravins pierreux, éboulis, cascades, neiges et glaciers. Là était la dernière habitation de l'homme. C'était la masure qui, pendant de longs mois, devait me servir d'asile.

Un chien puis un berger m'y accueillirent en amis.

Libre désormais, je laissai ma vie se renouveler lentement au gré de la nature. Tantôt j'allais errer au milieu d'un chaos de pierres écroulées d'une crête rocheuse ; tantôt je cheminais au hasard dans une forêt de sapins ; d'autres fois, je gagnais les crêtes supérieures pour aller m'asseoir sur une cime dominant l'espace; souvent, aussi, je m'enfonçais dans un ravin profond et noir où je pouvais me croire comme enfoui dans les abîmes de la terre. Peu à peu, sous l'influence du temps et de la nature, les fantômes lugubres qui hantaient ma mémoire relâchèrent leur étreinte. Je ne me promenais plus seulement pour échapper à mes souvenirs, mais aussi pour me laisser pénétrer par les impressions du milieu et pour en jouir comme à l'insu de moi-même.

Si, dès mes premiers pas dans la montagne, j'avais éprouvé un sentiment de joie, c'est que j'étais entré dans la solitude et que des rochers, des forêts, tout un monde nouveau se dressait entre moi et le passé ; mais, un beau jour, je compris qu'une nouvelle passion s'était glissée dans mon âme. J'aimais la montagne pour elle-même. J'aimais sa face calme et superbe éclairée par le soleil quand nous étions déjà dans l'ombre ; j'aimais ses fortes épaules chargées de glaces aux reflets d'azur, ses flancs où les pâturages alternent avec les forêts et les éboulis ; ses racines puissantes s'étalant au loin comme celles d'un arbre immense, et toutes séparées par des vallons avec leurs rivelets, leurs cascades, leurs lacs et leurs prairies ; j'aimais tout de la montagne, jusqu'à la mousse jaune ou verte qui croît sur le rocher, jusqu'à la pierre qui brille au milieu du gazon.

De même, le berger mon compagnon, qui m'avait presque déplu, comme représentant de cette humanité que je fuyais, m'était devenu graduellement nécessaire ; je sentais naître pour lui la confiance et l'amitié. Je ne me bornais plus à le remercier de la nourriture qu'il m'apportait et des soins qu'il me rendait, mais je l'étudiais, je tâchais d'apprendre ce qu'il pouvait m'enseigner. Bien léger était le bagage de son instruction ; mais, quand l'amour de la nature se fut emparé de moi, c'est lui qui me fit connaître la montagne où paissaient ses troupeaux, à la base de laquelle il était né. Il me dit le nom des plantes, me montra les roches où se trouvaient les cristaux et les pierres rares, m'accompagna sur les corniches vertigineuses des gouffres pour m'indiquer le chemin à prendre dans les passages difficiles. Du haut des cimes il me désignait les vallées, me traçait le cours des torrents; puis, de retour à notre cabane enfumée, il me racontait l'histoire du pays et les légendes locales.

En échange, je lui expliquais aussi bien des choses qu'il ne comprenait pas et que même il n'avait jamais désiré comprendre. Mais son intelligence s'ouvrait peu à peu, elle devenait avide. Je prenais plaisir à lui répéter le peu que je savais en voyant son œil s'éclairer et sa bouche sourire. La physionomie se réveillait sur ce visage naguère épais et grossier ; d'être insouciant qu'il avait été jusqu'alors, il se changeait en homme réfléchissant sur soi-même et sur les objets qui l'entouraient.

Et, tout en instruisant mon compagnon, je m'instruisais moi-même, car, en essayant d'expliquer au berger les phénomènes de la nature, j'arrivais à les comprendre mieux, et j'étais mon propre élève.

Ainsi sollicité par le double intérêt que me donnaient l'amour de la nature et la sympathie pour mon semblable, j'essayai de connaître la vie présente et l'histoire passée de la montagne sur laquelle nous vivions comme des pucerons sur l'épiderme d'un éléphant. J'étudiai la masse énorme dans les roches dont elle est bâtie, dans les accidents du sol qui, suivant les points de vue, les heures et les saisons, lui donnent une si grande variété d'aspects, ou gracieux ou terribles ; je l'étudiai dans ses neiges, ses glaces et les météores qui l'assaillent, dans les plantes et les animaux qui en habitent la surface. Je tentai de comprendre aussi ce que la montagne avait été dans la poésie et dans l'histoire des nations, le rôle qu'elle avait eu dans les mouvements des peuples et dans les progrès de l'humanité tout entière.

Ce que j'appris, je le dois à la collaboration de mon berger, et aussi, puisqu'il faut tout dire, à la collaboration de l'insecte rampant, à celle du papillon et de l'oiseau chanteur.

Si je n'avais passé de longues heures, couché sur l'herbe, à regarder ou à entendre ces petits êtres, mes frères, peut-être aurais-je moins compris combien est vivante aussi la grande terre qui porte sur son sein tous ces infiniment petits et les entraîne avec nous dans l'insondable espace.

# CHAPITRE II

### LES SOMMETS ET LES VALLÉES

Vue de la plaine, la montagne est de forme bien simple : c'est un petit cône dentelé s'élevant, parmi d'autres saillies d'inégale hauteur, sur une muraille bleue, rayée de blanc et de rose, qui borne tout un côté de l'horizon. Il me semblait voir de loin une scie monstrueuse aux dents bizarrement taillées ; une de ces dents est la montagne où se sont égarés mes pas.

Cependant le petit cône que je distinguais des campagnes inférieures, simple grain de sable sur le grain de sable qui est la terre, m'apparaît maintenant comme un monde. De la cabane, j'aperçois bien, à quelques centaines de mètres au-dessus de ma tête, une crête de rochers qui me semble être la cime ; mais, que je le gravisse, et voici qu'un autre sommet se dresse par delà les neiges. Que je gagne un deuxième escarpement, et la montagne paraît encore changer de forme à mes yeux. De chaque pointe, de chaque ravin, de chaque versant, le paysage se montre sous un nouveau relief, avec un autre profil. A lui seul le mont est tout un groupe de montagnes ; de même, au milieu de la mer, chaque lame est hérissée de vaguelettes innombrables. Pour saisir dans son ensemble l'architecture de la montagne, il faut l'étudier, la parcourir dans tous les sens, en gravir chaque saillie, pénétrer dans la moindre gorge. Comme toute chose, c'est un infini pour celui qui veut la connaître en son entier.

La cime sur laquelle j'aimais le mieux à m'asseoir, ce n'est point la hauteur souveraine où l'on s'installe comme un roi sur un trône pour contempler à ses pieds les royaumes étendus. Je me sentais plus heureux sur le sommet secondaire dont mon regard pouvait à la fois descendre sur des pentes plus basses, puis remonter, d'arête en arête, vers les parois supérieures et à la pointe baignée dans le ciel bleu. Là, sans avoir à réprimer ce mouvement d'orgueil que j'aurais ressenti malgré moi sur le point culminant de la montagne, je savourais le plaisir de satisfaire complètement mes regards à la vue de ce que neiges, rochers, forêts et pâturages m'offraient de beau. Je planais à mi-hauteur, entre les deux zones de la terre et du ciel, et je me sentais libre sans être isolé. Nulle part un plus doux sentiment de paix ne pénétrait mon cœur.

Mais c'est aussi une bien grande joie d'atteindre une haute cime dominant un horizon de pics, de vallées et de plaines! Avec quelle volupté, avec quel ravissement des sens on contemple dans un tableau d'ensemble l'énorme édifice dont on occupe le faîte! En bas, sur les pentes inférieures, on ne voyait qu'une partie de la montagne, au plus un seul versant; mais, du sommet, on aperçoit toutes les croupes fuyant, de ressaut en ressaut et de contrefort en contrefort, jusqu'aux collines et aux promontoires de la base. On regarde d'égal à égaux les monts environnants; comme eux on a la tête dans l'air pur et dans la lumière ; on s'élève en plein ciel, pareil à l'aigle que son vol soutient au-dessus de la lourde planète. A ses pieds, bien au-dessous de la cime, on aperçoit ce que la multitude d'en bas appelle déjà le ciel : ce sont les nues qui voyagent lentement au flanc des monts, se déchirent aux angles saillants des roches et aux lisières des forêts, laissent çà et là dans les ravins quelques lambeaux de brouillards, puis, volant au-dessus des plaines, y projettent leurs grandes ombres aux formes changeantes.

Du haut du superbe observatoire, on ne voit point cheminer les fleuves comme les nuages d'où ils sont sortis, mais leur mouvement se révèle par l'éclat brasillant de l'eau qui se montre de distance en distance, soit au sortir des glaciers brisés, soit dans les petits lacs et les cascades de la vallée, ou dans les méandres tranquilles des campagnes inférieures. A la vue des cirques, des ravins, des vallons, des gorges, on assiste, comme si tout d'un coup on était devenu immortel, au grand travail géologique des eaux creusant, évidant leurs lits dans toutes les directions autour du massif primitif de la montagne. On les voit, pour ainsi dire, sculpter incessamment la masse énorme pour en emporter les débris, en niveler la plaine, en combler une baie de la mer. Je la distingue aussi, cette baie, du haut du sommet gravi ; là s'étend ce grand abîme bleu de l'Océan, d'où la montagne est sortie, où tôt ou tard elle rentrera !

Quant à l'homme, il est invisible ; mais on le devine. Comme des nids à demi cachés dans le branchage, j'aperçois des cabanes, des hameaux, des villages épars dans les vallons et sur le penchant des monts verdoyants. Là-bas, sous la fumée, sous une couche d'air vicié par d'innombrables respirations, quelque chose de blanchâtre indique une grande cité. Les maisons, les palais, les hautes tours, les coupoles, se fondent en une même couleur rouilleuse et sale, contrastant avec les teintes plus franches des campagnes environnantes : on dirait une sorte de moisissure. On songe alors avec tristesse à tout ce qui se fait de perfide et de mauvais dans cette fourmilière, à tous les vices qui fermentent sous cette pustule presque invisible ; mais, vu de la cime, l'immense panorama des campagnes est beau dans son ensemble, avec les villes, les villages et les maisons isolées qui paillettent çà et là l'étendue. Sous la lumière qui les baigne, les taches se fondent avec ce qui les entoure en un tout harmonieux ; l'air déroule sur la plaine entière son manteau de pâle azur.

Grande est la différence entre la vraie forme de notre montagne si pittoresque, si riche en aspects variés, et celle que je lui donnais dans mon enfance à la vue des cartes que me faisait étudier le maître d'école. Je me figurais alors une masse isolée d'une régularité parfaite, aux pentes égales sur tout le pourtour, au sommet doucement arrondi, à la base gracieusement infléchie et se perdant insensiblement dans les campagnes de la plaine. De montagnes semblables, il n'en est point sur la terre. Même les volcans, qui surgissent isolément, loin de tout massif, et qui grandissent peu à peu en épanchant latéralement sur leurs talus des cendres et des laves, n'ont point cette régularité géométrique. La poussée des matières intérieures se produit tantôt dans la cheminée centrale, tantôt par quelque crevasse des flancs ; de petits volcans secondaires naissent çà et là sur les pentes du mont principal et en bossellent la surface. Le vent lui-même travaille à lui donner la forme irrégulière, en faisant retomber où il lui plaît les nuages de cendres vomis pendant les éruptions.

Mais pourrait-on comparer notre montagne, vieux témoin des âges d'autrefois, à un volcan, mont né d'hier à peine et n'ayant pas encore subi les assauts du temps? Depuis le jour où le point de la terre où nous sommes prit sa première rugosité, destinée à se transformer graduellement en montagne, la nature, qui est le mouvement, la transformation incessante, a travaillé sans relâche à modifier l'aspect de cette protubérance : ici elle a exhaussé la masse; ailleurs elle l'a déprimée; elle l'a hérissée de pointes, parsemée de coupoles et de dômes; elle en a ployé, plissé, raviné, labouré, sculpté à l'infini la surface mouvante, et maintenant encore, sous nos yeux, le travail se continue.

A l'esprit qui contemple la montagne pendant la durée des âges, elle apparaît aussi flottante, aussi incertaine que l'onde de la mer chassée par la tempête : c'est un flot, une vapeur ; quand elle aura disparu, ce ne sera plus qu'un rêve.

Toutefois, dans ce décor changeant ou toujours varié produit par l'action continuelle des forces de la nature, la montagne ne cesse d'offrir une sorte de rythme superbe à celui qui la parcourt pour en connaître la structure. Que la partie culminante soit un large plateau, une masse arrondie, une paroi verticale, une arête ou une pyramide isolée ou bien un faisceau d'aiguilles distinctes, l'ensemble du mont présente un aspect général qui s'harmonise avec celui du sommet. Du centre du massif jusqu'à la base du mont se succèdent, de chaque côté, d'autres cimes ou groupes de cimes secondaires ; parfois même, au pied du dernier contrefort qu'entourent les alluvions de la plaine ou les eaux de la mer, on voit encore une miniature du mont jaillir en colline du milieu des campagnes ou en écueil du sein des eaux. Le profil de toutes ces saillies, qui se succèdent en s'abaissant peu à peu ou brusquement, présente une série de courbes des plus gracieuses. Cette ligne sinueuse, qui réunit les sommets de la grande cime à la plaine, est la véritable pente. C'est le chemin que prendrait un géant chaussé de bottes magiques.

La montagne qui m'abrita longtemps est belle et sereine entre toutes par le calme régulier de ses traits. Des plus hauts pâturages, on aperçoit la grande cime, dressée comme une pyramide aux gradins inégaux; des plaques de neige, qui en remplissent les anfractuosités, lui donnent une teinte sombre et presque noire par le contraste de leur blancheur; mais le vert des gazons qui recouvre au loin toutes les cimes secondaires apparaît d'autant plus doux au regard, et les yeux, en redescendant de la masse énorme à l'aspect formidable, se reposent avec volupté sur les molles ondulations des pâtis; elles sont si gracieuses de contours, si veloutées d'aspect, que l'on songe involontairement à la joie qu'aurait un géant à les caresser de la main. Plus bas, des pentes brusques, des saillies de rochers et des contreforts revêtus de forêts me cachent en grande partie les flancs de la montagne;

mais l'ensemble me paraît d'autant plus haut et plus sublime que mon regard en embrasse seulement une partie, comme une statue dont le piédestal me resterait caché; elle resplendit au milieu du ciel, dans la région des nues, dans la pure lumière.

A la beauté des cimes et des saillies de toute espèce correspond celle des creux, plissements, vallons ou défilés. Entre le sommet de notre montagne et la pointe la plus voisine, la crête s'abaisse fortement et laisse un passage assez facile entre les deux versants opposés. C'est à cette dépression de l'arête que commence le premier sillon de la vallée serpentine ouverte entre les deux monts. A ce sillon s'en ajoutent d'autres, puis d'autres encore, qui rayent la surface des rochers et s'unissent en ravins convergeant eux-mêmes vers un cirque d'où, par une série de défilés et de bassins étagés, les neiges s'écoulent et les eaux descendent dans la vallée.

Là, sur un sol à peine incliné, se montrent déjà les prairies, les bouquets d'arbres domestiques, les groupes de maisons. De toutes parts des vallons, les uns gracieux, les autres sévères d'aspect, s'inclinent vers la vallée principale. Au delà d'un détour éloigné, le val disparaît au regard; mais, si l'on cesse d'en voir le fond, on en devine du moins la forme générale et les contours par les lignes plus ou moins parallèles que dessinent les profils des contreforts. Dans son ensemble, la vallée, avec ses innombrables ramifications pénétrant de toutes parts dans l'épaisseur de la montagne, peut se comparer aux arbres dont les milliers de rameaux sont divisés et subdivisés en ramilles délicates. C'est par la forme de la vallée et de tout son réseau de vallons qu'on peut le mieux se rendre compte du véritable relief des montagnes qu'elle sépare.

Des sommets d'où la vue plane le plus librement sur l'espace, ne voit-on pas d'ailleurs un grand nombre de cimes que l'on compare les unes avec les autres et qui se font comprendre mutuellement? Par-dessus le profil sinueux des hauteurs qui se dressent de l'autre côté de la vallée, on distingue dans le lointain un autre profil de monts déjà bleuâtres; puis, encore au delà, une troisième ou même une quatrième série de monts d'azur. Ces lignes de monts, qui vont se rattacher à la grande crête des sommets principaux, sont vaguement parallèles malgré leurs dentelures, et tantôt se rapprochent, tantôt s'éloignent en apparence, suivant le jeu des nuages et la marche du soleil.

Deux fois par jour se déroule incessamment l'immense tableau des monts, quand les rayons obliques des matins et des soirs laissent dans l'ombre les plans successifs tournés vers la nuit et baignent de lumière ceux qui regardent le jour. Des cimes occidentales les plus éloignées à celles que l'on distingue à peine à l'occident, c'est une gamme harmonieuse de toutes les couleurs et de toutes les nuances qui peuvent se produire sous l'éclat du soleil et la transparence de l'air. Parmi ces montagnes, il en est qu'un souffle pourrait effacer, tant elles sont légères de tons, tant leurs traits sont délicatement tracés sur le fond du ciel !

Qu'une petite vapeur s'élève, qu'une brume imperceptible se forme à l'horizon, ou seulement que le soleil, en s'inclinant, laisse gagner l'ombre, et ces montagnes si belles, ces neiges, ces glaciers, ces pyramides, s'évanouissent par degrés ou même en un clin d'œil. On les contemplait dans leur splendeur, et voici qu'elles ont disparu du ciel; elles ne sont plus qu'un rêve, un souvenir incertain.

# CHAPITRE III

## LA ROCHE ET LE CRISTAL

La roche dure des montagnes, aussi bien que celle qui s'étend au-dessous des plaines, est recouverte presque partout d'une couche plus ou moins profonde de terre végétale et de plantes diverses. Ici ce sont des forêts; ailleurs, des broussailles, des bruyères, des myrtes, des ajoncs; ailleurs encore, et sur la plus grande étendue, ce sont les gazons courts des pâturages. Même là où la roche semble nue et jaillit en aiguilles ou se dresse en parois, la pierre est revêtue de lichens blancs, rouges ou jaunes, qui donnent souvent une même apparence aux rochers les plus différents par l'origine. Ce n'est guère que dans les régions froides de la cime, au pied des glaciers et sur le bord des neiges, que la pierre se montre sous une enveloppe de végétation qui la déguise. Grès, calcaires, granits, sembleraient au voyageur inattentif être une seule et même formation.

Cependant la diversité des roches est grande; le minéralogiste qui parcourt les monts, le marteau à la main, peut recueillir des centaines et des milliers de pierres différentes par l'aspect et la structure intime. Les unes sont d'un grain égal dans toute leur masse, les autres sont composées de parties diverses et contrastent par la forme, la couleur et l'éclat. Il en est de mouchetées, de diaprées et de rubanées; de transparentes, de translucides et d'opaques. On en voit qui sont hérissées de cristaux à faces régulières; on en voit aussi qui sont ornées d'arborisations semblables à des bouquets de tamaris ou à des feuilles de fougère. Tous les métaux se retrouvent dans la pierre, soit à l'état pur, soit mélangés les uns avec les autres; tantôt ils se montrent en cristaux ou en nodules, tantôt ce ne sont que de simples irisations fugitives, pareilles aux reflets éclatants de la bulle de savon. Puis ce sont les innombrables fossiles, animaux ou végétaux, que renferme la roche et dont elle garde l'empreinte. Autant de fragments épars, autant de témoins différents des êtres qui ont vécu pendant l'incalculable série des siècles écoulés.

Sans être ni minéralogiste ni géologue de profession, le voyageur qui sait regarder voit parfaitement quelle est la merveilleuse diversité de toutes ces roches qui constituent la masse de la montagne. Tel est le contraste entre différentes parties du grand édifice que déjà, de loin, on peut reconnaître souvent à quelle formation elles appartiennent. D'une cime isolée dominant un espace étendu, on distingue avec facilité l'arête ou le dôme de granit, la pyramide d'ardoise et la paroi de la roche calcaire.

C'est dans le voisinage immédiat du sommet principal de notre montagne que la roche granitique se révèle le mieux. Là, une crête de roches noires sépare deux champs de neige déployant de chaque côté leur blancheur étincelante; on dirait un diadème de jais sur un voile de mousseline. C'est par cette crête qu'il est le plus facile de gagner le point culminant du mont, car on évite ainsi les crevasses cachées sous la surface unie des neiges; là, le pied peut se poser fermement sur le sol, tandis qu'à la force des bras on se hisse facilement, de degré en degré, dans les parties escarpées. C'est par là que je faisais presque toujours mon ascension, lorsque, m'éloignant du troupeau et de mon compagnon le berger, j'allais passer quelques heures sur le grand pic.

Vue à distance, à travers les vapeurs bleuâtres de l'atmosphère, l'arête de granit paraît assez uniforme; les montagnards, pratiques et presque grossiers dans leurs comparaisons, lui donnent le nom de peigne; on dirait, en effet, une rangée de dents aiguës disposées régulièrement. Mais au milieu des rochers eux-mêmes on se trouve dans une sorte de chaos: aiguilles, pierres branlantes, amoncellements de blocs, assises superposées, tours qui surplombent, murs s'appuyant les uns sur les autres et laissant entre eux d'étroits passages, telle est cette arête qui forme l'angle du mont. Même sur ces hauteurs, la roche est presque partout recouverte, comme par une espèce d'enduit, par la végétation des lichens; mais, en maint endroit, elle a été mise à nu par la friction de la glace, par l'humidité de la neige, l'action des gelées, des pluies, des vents, des rayons du soleil; d'autres rocs, brisés par la foudre, sont restés aimantés par le choc du feu céleste.

Au milieu de ces ruines, il est facile d'observer ce qui fut encore tout récemment l'intérieur même de la roche; j'en vois les cristaux dans tout leur éclat, le quartz blanc, le feldspath à la couleur d'un rose pâle, le mica qui semble une paillette d'argent. En d'autres parties de la montagne, le granit mis à nu présente un autre aspect : dans une roche, il est blanc comme le marbre et parsemé de petits points noirs; ailleurs, il est bleuâtre et sombre. Presque partout il est d'une grande dureté, et les pierres qu'on pourrait y tailler serviraient à construire des monuments durables; mais ailleurs il est tellement friable, les cristaux divers en sont si faiblement agrégés, qu'on peut les écraser entre ses doigts. Un ruisseau, qui prend sa source au pied d'un promontoire de ce grain peu cohérent, s'étale

2.

dans le ravin sur un lit de sable le plus fin tout brillanté de mica ; on croirait voir l'or et l'argent briller à travers l'eau frémissante ; plus d'un rustre venu de la plaine s'y est trompé et s'est avidement précipité sur ces trésors qu'entraîne négligemment le ruisselet moqueur.

L'incessante action de la neige et de l'eau nous permet d'observer une autre espèce de roche qui entre aussi pour une grande part dans la masse de l'immense édifice. Non loin des arêtes et des dômes de granit, qui sont les parties les plus élevées de la montagne et semblent en être le noyau, pour ainsi dire, se montre une cime secondaire dont l'aspect est d'une frappante régularité ; on dirait une pyramide à quatre pans posée sur l'énorme piédestal que lui forment les plateaux et les pentes. C'est un sommet composé de roches ardoisées, que le temps rabote incessamment par tous ses météores, le vent, les rayons solaires, les neiges, le brouillard et les pluies. Les feuillets brisés de l'ardoise se fissurent, se brisent et descendent en masses glissantes le long des talus. Parfois le pas léger d'une brebis suffit pour mettre en mouvement des myriades de pierres sur tout un flanc de montagne.

Tout autre que la roche ardoisée est la roche calcaire qui constitue quelques-uns des promontoires avancés. Quand cette roche se brise, ce n'est pas, comme l'ardoise, en d'innombrables petits fragments, mais en grandes masses. Telle fracture a séparé, de la base au sommet, tout un rocher de trois cents mètres de hauteur; de côté et d'autre, on voit monter jusqu'au ciel les deux parois verticales; au fond du gouffre, la lumière pénètre à peine, et l'eau qui le remplit, descendue des hauteurs neigeuses, ne réfléchit la clarté d'en haut que par les bouillonnements de ses rapides et les rejaillissements de ses cascades. Nulle part, même en des montagnes dix fois plus élevées, la nature ne paraît plus grandiose. De loin, la partie calcaire du mont reprend ses proportions réelles, et l'on voit qu'elle est dominée par des masses rocheuses beaucoup plus hautes; mais elle étonne toujours par la puissante beauté de ses assises et de ses tours; on dirait des temples babyloniens.

Fort pittoresques aussi, bien que d'une

faible importance relative, sont les rochers de grès ou de conglomérats composés de fragments cimentés. Partout où la pente du sol favorise l'action de l'eau, celle-ci délaye le ciment et se creuse une rigole, une fente étroite qui, peu à peu, finit par scier la roche en deux. D'autres courants d'eau ont également creusé dans le voisinage des fissures secondaires, d'autant plus profondes que la masse liquide entraînée est plus abondante ; la roche ainsi découpée finit par ressembler à un dédale d'obélisques, de tours, de forteresses. On voit de ces fragments de montagnes dont l'aspect rappelle maintenant celui de villes désertes, avec leurs rues humides et sinueuses, leurs murailles crénelées, leurs donjons, leurs tourelles surplombantes, leurs statues bizarres. Je me souviens encore de l'impression d'étonnement, voisine de l'effroi, que je ressentis en approchant de l'issue d'une gorge envahie déjà par les ombres du soir. J'apercevais de loin la noire fissure, mais, à côté de l'entrée, sur la pointe du mont, je remarquais aussi des formes étranges qui me semblaient des géants alignés. C'étaient de hautes colonnes d'argile portant chacune à leur cime une grosse pierre ronde qui, de loin, figurait une tête. Les pluies avaient peu à peu dissous, emporté tout le sol environnant ; mais les lourdes pierres avaient été respectées, et, par leur poids, continuaient à donner de la consistance aux gigantesques piliers d'argile qui les soutenaient.

Chaque promontoire, chaque rocher de la montagne a donc son aspect particulier, suivant la matière qui le compose et la force avec laquelle il résiste aux éléments de dégradation. Ainsi naît une infinie variété de formes qui s'accroît encore par le contraste qu'offrent à l'extérieur de la roche les neiges, les gazons, les forêts et les cultures. Au pittoresque des lignes et des plans s'ajoutent les changements continuels de décor de la surface. Et pourtant, combien peu nombreux sont les éléments qui constituent la montagne et qui, par leurs mélanges, lui donnent cette variété si prodigieuse d'aspects !

Les chimistes qui, dans leurs laboratoires, analysent les rochers, nous apprennent quelle est la composition de ces divers cristaux. Ils nous disent que le quartz est de la silice, c'est-à-dire du silicium oxydé, un métal qui, pur, serait semblable à de l'argent, et qui, par son mélange avec l'oxygène de l'air, est devenu roche blanchâtre. Ils nous disent aussi que feldspath, mica, augrite, hornblende et autres cristaux, qui se trouvent en si grande variété dans les rocs de la montagne, sont des composés où l'on retrouve, avec le silicium, d'autres métaux, l'aluminium, le potassium, unis en diverses proportions et suivant certaines lois d'affinité chimique avec les gaz de l'atmosphère. La montagne entière, les montagnes voisines et lointaines, les plaines de leurs bases et la terre dans son ensemble, tout cela n'est que métal à l'état impur; si les éléments fondus et mélangés de la masse du globe reprenaient soudain leur pureté, la planète aurait, pour les habitants de Mars ou Vénus braquant sur nous leurs télescopes, l'aspect d'une boule d'argent roulant dans le ciel noir.

Le savant qui recherche les éléments de la pierre trouve que toutes les roches massives, composées de cristaux ou de pâte cristalline, sont, comme le granit, des métaux oxydés : tels sont le porphyre, la serpentine et les roches ignées sorties de terre pendant les explosions volcaniques, trachyte, basalte, obsidienne, pierre ponce : tout cela, c'est du silicium, de l'aluminium, du potassium, du sodium, du calcium. Quant aux roches disposées en feuillets ou en strates, placées en couches les unes au-dessus des autres, comment ne seraient-elles pas aussi des métaux, puisqu'elles proviennent en grande partie de la désagrégation et de la redistribution des roches massives? Pierres brisées en fragments, puis cimentées de nouveau, sables agglutinés en roche après avoir été triturés et pulvérisés, argiles devenues compactes après avoir été délayées par les eaux, ardoises qui ne sont autre chose que des argiles durcies, tout cela n'est que débris des roches antérieures et, comme elles, se compose de métaux. Seuls, les calcaires, qui constituent une partie si considérable de l'enveloppe terrestre, ne proviennent pas directement de la destruction de roches plus anciennes; ils sont formés de débris qui ont passé par les organismes des animaux marins; ils ont été mangés et digérés, mais ils n'en sont pas moins métalliques; ils ont pour base le calcium combiné avec le soufre, le carbone, le phosphore. Ainsi, grâce aux mélanges, aux combinaisons variées et changeantes, la masse polie, uniforme, impénétrable, du métal, a pris des formes hardies et pittoresques, s'est creusée en bassins pour les lacs et les fleuves, s'est revêtue de terre végétale, a fini par entrer jusque dans la sève des plantes et dans le sang des animaux.

Le métal pur se révèle encore, çà et là, parmi les pierres de la montagne. Au milieu des éboulis et sur le bord des fontaines, on voit souvent des masses ferrugineuses; des cristaux de fer, de cuivre, de plomb, combinés avec d'autres éléments, se trouvent aussi dans les débris épars; parfois, dans le sable du ruisseau, brille une parcelle d'or. Mais, dans la roche dure, ni le minerai précieux, ni le cristal, ne sont distribués au hasard; ils sont disposés en veines ramifiées qui se développent surtout entre les assises de formations différentes. Ces filons de métal, semblables au fil magique du labyrinthe, ont conduit les mineurs, et après eux les géologues, dans l'épaisseur, l'histoire de la montagne.

Autrefois, nous disent les contes merveilleux, il était facile d'aller recueillir toutes ces richesses dans l'intérieur du mont; il suffisait d'avoir un peu de chance ou la faveur des dieux. En faisant un faux pas, on essayait de se retenir à un arbuste. La frêle tige cédait, entraînant avec elle une grosse pierre qui cachait une grotte jusqu'alors inconnue. Le berger s'introduisait hardiment dans l'ouverture, non sans prononcer quelque formule magique ou sans toucher quelque amulette, puis, après avoir marché longtemps dans la noire avenue, il se trouvait tout à coup sous une voûte de cristal et de diamant; des statues d'or et d'argent, ornées à profusion de rubis, de topazes, de saphirs, se dressaient tout autour de la salle : il suffisait de se baisser pour ramasser des trésors. De nos jours, ce n'est plus sans travail, par de simples incantations, que l'homme parvient à conquérir l'or et les autres métaux qui dorment dans les roches. Les précieux fragments sont rares, impurs, mélangés de terre, et la plupart ne prennent leur éclat et leur valeur qu'après avoir été affinés dans la fournaise.

# CHAPITRE IV

#### L'ORIGINE DE LA MONTAGNE

Ainsi, jusque dans sa plus petite molécule, la montagne énorme offre une combinaison d'éléments divers qui se sont mélangés en proportions changeantes; chaque cristal, chaque minerai, chaque grain de sable ou parcelle de calcaire, a son histoire infinie, comme les astres eux-mêmes. Le moindre fragment de roche a sa genèse comme l'univers; mais, tout en s'entr'aidant par la science les uns des autres, l'astrologue, le géologue, le physicien, le chimiste, en sont encore à se demander avec anxiété s'ils ont bien compris cette pierre et le mystère de son origine.

Et l'origine de la montagne elle-même, est-il certain qu'ils l'aient dévoilée ? A la vue de toutes ces roches, grès, calcaires, ardoises et granits, pouvons-nous raconter comment la masse prodigieuse s'est accumulée et dressée vers le ciel? En la contemplant dans sa beauté superbe, pouvons-nous faire un retour sur nous-mêmes, faibles nains qui regardons, et dire à la montagne, avec l'orgueil conscient de l'intelligence satisfaite : « La plus petite de tes pierres peut nous écraser, mais nous te comprenons; nous savons quelles ont été ta naissance et ton histoire » ?

Comme nous, et plus que nous, les enfants se questionnent à la vue de la nature et de ses phénomènes; mais, presque toujours, dans leur confiance naïve, ils se contentent de la réponse vague et mensongère d'un père ou d'un aîné qui ne sait pas, d'un professeur qui prétend ne rien ignorer. S'ils n'obtenaient pas cette réplique, ils chercheraient, chercheraient toujours, jusqu'à ce qu'ils se fussent donné une explication quelconque, car l'enfant ne sait pas rester dans le doute; plein du sentiment de son existence, entrant en vainqueur dans la vie, il faut qu'il puisse parler en maître de toutes choses. Rien ne doit lui rester inconnu.

De même les peuples, à peine sortis de leur barbarie première, avaient pour tout ce qui les frappait une affirmation définitive. La première explication, celle qui répondait le mieux à l'intelligence et aux mœurs de ce groupe humain, était trouvée bonne. Transmise de bouche en bouche, la légende a fini par devenir parole divine, et les castes d'interprètes ont surgi pour lui donner l'appui de leur autorité morale et de leurs cérémonies. C'est ainsi que, dans l'héritage mythique de presque toutes les nations, nous trouvons des récits qui nous racontent la naissance des montagnes ainsi que celle des fleuves, de la terre, de l'Océan, des plantes, des animaux et de l'homme lui-même.

L'explication la plus simple est celle qui nous montre les dieux ou les génies jetant les montagnes du haut du ciel et les laissant tomber au hasard; ou bien encore les dressant et les maçonnant avec soin, comme des colonnes destinées à porter la voûte des cieux. Ainsi furent construits le Liban et l'Hermon; ainsi fut enraciné aux bornes du monde le mont Atlas aux robustes épaules. D'ailleurs, une fois créées, les montagnes changeaient souvent de place, et des dieux s'en servaient pour se les lancer d'un coup de fronde. Les Titans, qui n'étaient point dieux, bouleversèrent tous les monts de la Thessalie, pour en dresser des remparts autour de l'Olympe; le gigantesque Athos lui-même n'était pas trop pesant pour leurs bras, et, du fond de la Thrace, ils le portèrent jusqu'au milieu de la mer, à l'endroit où il s'élève aujourd'hui. Une géante du Nord avait rempli son tablier de collines et les semait de distance en distance pour reconnaître son chemin. Vichnou, voyant un jour une jeune fille dormant sous les rayons trop ardents du soleil, s'empara d'une montagne et la tint en équilibre sur le bout de son doigt pour abriter la belle dormeuse. Telle a été, nous dit la légende, l'origine des ombrelles.

Dieux et géants n'avaient pas même toujours besoin de saisir les monts pour les déplacer; ceux-ci obéissaient à un simple signe. Les pierres accouraient au son de la lyre d'Orphée, les montagnes se dressaient pour entendre Apollon : c'est ainsi que naquit l'Hélicon, séjour des muses. Le prophète Mahomet arriva deux mille ans trop tard : s'il fût venu dans un âge de foi plus naïve, il ne serait point allé à la montagne, c'est elle qui se serait dirigée vers lui.

A côté de cette explication de la naissance des montagnes par la volonté des dieux, la mythologie de peuples nombreux en fournit une autre moins grossière. D'après cette idée, les rochers et les monts seraient des organes vivants poussés naturellement sur le grand corps de la terre, comme poussent les étamines dans la corolle de la fleur. Tandis que, d'un côté, le sol s'abaissait pour recevoir les eaux de la mer, de l'autre il se redressait vers le soleil pour en recevoir la lumière vivifiante. C'est ainsi que les plantes élèvent leur tige et font tourner leurs pétales vers l'astre qui les regarde et leur donne l'éclat. Mais les légendes antiques ont perdu leurs croyants et ne sont plus pour l'humanité que des souvenirs poétiques ; elles sont allées rejoindre les rêves, et l'esprit des chercheurs, enfin dégagé de ces illusions, est devenu plus avide à la poursuite de la vérité. Aussi les hommes de nos jours, de même que ceux des temps anciens, ont-ils à se répéter encore, en contemplant les cimes dorées par la lumière : « Comment donc ont-elles pu se dresser dans le ciel ? »

Même à notre époque, où les savants font profession de n'appuyer leurs théories que sur l'observation et l'expérience, il en est dont les fantaisies sur l'origine des monts ressemblent assez aux légendes des anciens. Un gros livre moderne essaye de nous démontrer que la lumière du soleil qui baigne notre planète a pris corps et s'est condensée en plateaux et en montagnes autour de la terre. Un autre affirme que l'attraction du soleil et de la lune, non contente de soulever deux fois par jour les flots de la mer, a fait aussi gonfler la terre et redressé les vagues solides jusque dans la région des neiges. Un autre enfin raconte comment les comètes, égarées dans les cieux, sont venues heurter notre globe, en ont troué l'enveloppe comme des pierres brisant un glaçon, et ont fait jaillir les montagnes en longues rangées et en massifs.

Heureusement la terre, toujours en travail

de création nouvelle, ne cesse d'agir sous nos yeux et de nous montrer comment elle change peu à peu les rugosités de sa surface. Elle se détruit, mais elle se reconstruit de jour en jour, constamment ; elle nivelle ses montagnes, mais pour en édifier d'autres ; elle creuse des vallées, mais pour les combler encore. En parcourant la surface du globe et en observant avec soin les phénomènes de la nature, on peut donc voir se former des coteaux et des monts, lentement, il est vrai, et non pas d'une soudaine poussée, comme le demanderaient des amis du miracle. On les voit naître, soit directement du sein de la terre, soit indirectement, pour ainsi dire, par l'érosion des plateaux, de même qu'une statue apparaît peu à peu dans un bloc de marbre. Lorsqu'une masse insulaire ou continentale, haute de centaines ou de milliers de mètres, reçoit des pluies en abondance, ses versants sont graduellement sculptés en ravins, en vallons, en vallées ; la surface uniforme du plateau se découpe en cimes, en arêtes, en pyramides, se creuse en cirques, en bassins, en précipices ; des systèmes de montagnes apparaissent peu à peu là où le sol uni se déroulait sur d'énormes étendues. Il est même des régions de la terre où le plateau, attaqué par des pluies sur un seul côté, ne s'échancre en montagnes que par ce versant : telle est, en Espagne, cette terrasse de la Manche qui s'affaisse vers l'Andalousie par les escarpements de la sierra Morena.

En outre de ces causes extérieures qui changent les plateaux en montagnes, s'accomplissent aussi dans l'intérieur de la terre de lentes transformations qui ont pour conséquence d'énormes effondrements. Les hommes laborieux qui, le marteau à la main, cheminent pendant des années entières à travers les monts pour en étudier la forme et la structure, remarquent, dans les nouvelles assises de formation marine qui constituent la partie non cristalline des monts, de gigantesques failles ou fissures de séparation qui s'étendent sur des centaines de kilomètres de longueur. Des masses, ayant des milliers de mètres d'épaisseur, se sont redressées dans ces chutes ou même ont été complètement renversées, de sorte que leur ancienne surface est devenue maintenant le plan inférieur. Les assises, en s'affaissant par chutes successives, ont dénudé le squelette de roches cristallines qu'elles entouraient comme un manteau ; elles ont révélé le noyau de la montagne comme une draperie retirée soudain découvre un monument caché.

Mais les écroulements eux-mêmes ont eu moins d'importance que les plissements dans l'histoire de la terre et dans celle des montagnes qui en forment les rugosités extérieures. Soumises à de lentes pressions séculaires, la roche, l'argile, les couches de grès, les veines de métal, tout se plisse comme le ferait une étoffe, et les plis qui naissent ainsi forment les monts et les vallées. Semblable à la surface de l'Océan, celle de la terre s'agite en vagues, mais ces ondulations sont bien autrement puissantes : ce sont les Andes, c'est l'Himalaya, qui se redressent ainsi au-dessus du niveau moyen des plaines. Sans cesse les roches de la terre se trouvent soumises à ces impulsions latérales qui les ploient et les reploient diversement, et les assises sont dans une fluctuation continuelle. C'est ainsi que se ride la peau d'un fruit.

Les cimes qui surgissent directement du sol et qui montent graduellement du niveau de l'Océan vers les hauteurs glacées de l'atmosphère sont les montagnes de laves et de cendres volcaniques. En maints endroits de la surface terrestre, on peut les étudier à l'aise, s'élevant, grandissant à vue d'œil. Bien différents des montagnes ordinaires, les volcans proprement dits sont percés d'une cheminée centrale par laquelle s'échappent des vapeurs et les fragments pulvérisés de roches incendiées ; mais, quand ils s'éteignent, la cheminée se ferme, et les pentes du cône volcanique, dont le profil perd de sa régularité première sous l'influence des pluies et de la végétation, finissent par ressembler à celles des autres monts. D'ailleurs, il est des masses rocheuses qui, en s'élevant du sein de la terre, soit à l'état liquide, soit à l'état pâteux, sortent tout simplement d'une longue crevasse du sol et ne sont point lancées par un cratère, comme les scories du Vésuve et de l'Etna. Les laves qui s'accumulent en sommets et se ramifient en promontoires ne diffèrent que par leur jeunesse de ces vieilles montagnes chenues qui hérissent ailleurs la surface de la terre. Les laves jadis brûlantes se refroidissent peu à peu ; elles se délitent extérieurement et se revêtent de terre végétale; elles reçoivent l'eau de pluie dans leurs interstices et la rendent en ruisselets et en rivières; enfin elles se recouvrent à leur base de formations géologiques nouvelles et s'entourent, comme les autres montagnes, d'assises de galets, de sable ou d'argile. A la longue, le regard du savant peut seul reconnaître qu'elles ont jailli du sein de la grande fournaise, la terre, comme une masse de métal en fusion.

Parmi les anciens monts qui font partie de ces massifs et de ces systèmes qu'on appelle les « colonnes vertébrales » des continents, il en est un grand nombre qui sont composés de roches très ressemblantes aux laves actuelles et d'une constitution chimique analogue. Comme ces laves, porphyres, trapps et métaphyres sont sortis de terre par de larges fissures et se sont étalés sur le sol, pareils à une matière visqueuse qui se figerait bientôt au contact de l'air, la plupart des roches granitiques semblent s'être formées de la même manière; elles sont cristallines comme les laves, et leurs cristaux ont pour éléments les mêmes corps simples, le silicium et l'aluminium. N'est-il pas raisonnable de penser que ces granits ont été, eux aussi, une masse pâteuse, et que des crevasses du sol ont donné passage à leurs coulées brûlantes? Toutefois, ce n'est là qu'une hypothèse en discussion et non une vérité démontrée. De même que les laves qui jaillissent du sol soulèvent parfois des lambeaux de terrains avec leurs forêts ou leurs gazons, de même on pense que l'éruption des granits ou autres roches semblables a été la cause la plus fréquente du soulèvement des assises de formations diverses qui constituent la partie la plus considérable des montagnes. Des strates de calcaire, de sable, d'argile, que les eaux de la mer ou d'un lac avaient jadis déposées en couches parallèles sur le fond de leur lit, et qui étaient devenues la pellicule extérieure de la terre, auraient été ainsi ployées et redressées par la masse qui s'élevait des profondeurs et qui cherchait une issue. Ici le flot montant du granit aurait brisé les assises supérieures en îles et en îlots qui, tout disloqués, fendillés, chiffonnés en plissements bizarres, sont épars maintenant dans les dépressions et sur les saillies de la roche soulevante ; ailleurs, le granit ne se serait ouvert dans le sol qu'une seule crevasse de sortie en reployant de côté et d'autre les assises extérieures, suivant les angles d'inclinaison les plus divers ; ailleurs encore, le granit, sans même se faire jour, n'en aurait pas moins bossué les couches supérieures. Celles-ci, sous la pression qui les a fait se ployer, auraient cessé d'être plaines pour devenir collines et montagnes. Ainsi, même les hauteurs formées de strates paisiblement déposées au fond des eaux auraient pu se dresser en cimes, de la même manière que les protubérances de laves ; un puits creusé à travers les couches superposées atteindrait le noyau de porphyre ou de granit.

En admettant que la plupart des montagnes ont fait leur apparition à la manière des laves, la cause qui a fait jaillir du sol toutes ces matières en fusion reste encore à reconnaître par la pensée. D'ordinaire on suppose qu'elles en ont été exprimées, pour ainsi dire, par la contraction de l'enveloppe extérieure du globe, qui se refroidit lentement en rayonnant de la chaleur dans les espaces. Jadis, notre planète était une goutte brûlante de métal. En roulant dans les cieux froids, elle s'est figée peu à peu. Mais la pellicule seule est-elle solidifiée, ainsi qu'on aime à le répéter, ou bien la goutte entière est-elle devenue dure jusque dans son noyau? On ne le sait pas encore, car rien ne prouve que les laves de nos volcans sortent d'un immense réservoir remplissant tout l'intérieur du globe. Nous savons seulement que ces laves s'élancent parfois des crevasses du sol et coulent à la surface; de même les granits, les porphyres et autres roches semblables auraient coulé hors des fentes de l'écorce terrestre, comme la sève s'échappe de la blessure d'une plante. La marée de pierres fondues serait montée de l'intérieur, sous la pression de l'enveloppe planétaire, graduellement resserrée par l'effet de son propre refroidissement.

# CHAPITRE V

### LES FOSSILES

Quelle que soit l'origine première de la montagne, son histoire nous est du moins connue depuis une époque de beaucoup antérieure aux annales de notre humanité. A peine cent cinquante générations d'hommes se sont succédé depuis que se sont accomplis les premiers actes de nos ancêtres dont il soit resté des témoignages ; avant cette époque, l'existence de notre race ne nous est plus révélée que par des monuments incertains. L'histoire de la montagne inanimée est écrite, au contraire, en caractères visibles depuis des millions de siècles.

Le grand fait, celui qui frappait déjà nos aïeux dès l'enfance de la civilisation, et qu'ils ont diversement raconté dans leurs légendes, est que les roches distribuées en assises régulières, en couches placées les unes au-dessus des autres comme les pièces d'un édifice, ont été déposées par les eaux. Qu'on se promène au bord d'une rivière ; que même, par un jour de pluie, on regarde la rigole temporaire qui se forme dans les dépressions du sol, et l'on verra le courant s'emparer des graviers, des grains de sable, des poussières et de tous les débris épars, pour les distribuer avec ordre sur le fond et sur les rivages de son lit ; les fragments les plus lourds se déposeront en couches à l'endroit où l'eau perd la rapidité de son impulsion première, les molécules plus légères iront plus loin s'étaler en strates à la surface unie ; enfin les argiles ténues, dont le poids dépasse à peine celui de l'eau, se tasseront en nappes partout où s'arrête le mouvement torrentiel de l'eau. Sur les plages et dans les bassins des lacs et des mers, les assises de débris successivement déposées sont encore bien plus régulières, car les eaux n'y ont pas la marche impétueuse des ondes fluviales, et tout ce que reçoit leur surface se tamise à travers la profondeur de leurs eaux en restant, sans que rien vienne troubler l'action égale des vagues et des courants.

C'est ainsi que, dans la grande nature, se fait la division du travail. Sur les côtes rocheuses de l'Océan, assaillies par les flots du large, on ne voit que galets et cailloux entassés. Ailleurs, s'étendent à perte de vue des plages de sable fin, sur lesquelles le flot de marée se déroule en volutes d'écume. Les sondeurs qui étudient le fond de la mer nous disent que, sur de vastes espaces, grands comme des provinces, les débris que rapportent leurs instruments se composent toujours d'une vase uniforme, plus ou moins mélangée d'argile ou de sable, suivant les divers parages. Ils ont aussi constaté qu'en d'autres parties de la mer la roche qui se forme au fond du lit marin est de la craie pure. Coquillages, spicules d'éponges, animalcules de toute sorte, organismes inférieurs, siliceux ou calcaires, tombent incessamment en pluie des eaux de la surface, et se mêlent aux êtres innombrables qui s'accumulent, vivent et meurent sur le fond, en multitudes assez grandes pour constituer des assises aussi épaisses que celles de nos montagnes; et d'ailleurs, celles-ci ne sont-elles pas formées de débris du même genre? Dans un avenir inconnu, lorsque les abîmes actuels de l'Océan s'étaleront en plaines ou se redresseront en sommets à la lumière du soleil, nos descendants verront des terrains géologiques semblables à ceux que nous contemplons aujourd'hui, et qui peut-être auront disparu, menuisés en fragments par les eaux fluviales.

Pendant la série des âges, les assises de formations maritimes et lacustres, dont la plus grande partie de notre montagne est composée, sont arrivées à occuper à une grande hauteur au-dessus de la mer leur position penchante et contournée en plissements bizarres. Qu'elles aient été soulevées par une pression venue d'en bas, ou bien que l'Océan se soit abaissé par suite du refroidissement et de la contraction de la terre ou par toute autre cause, et que, de cette manière, il ait laissé des couches de grès et de calcaire sur les anciens bas-fonds devenus continents, ces assises sont là maintenant, et nous pouvons à notre aise étudier les débris que nombre d'entre elles ont rapportés du monde sous-marin.

Ces débris, ce sont les fossiles, restes de plantes et d'animaux conservés dans la roche. Il est vrai, les molécules qui constituaient le squelette animal ou végétal de ces corps ont disparu, aussi bien que le tissu des chairs et les gouttes de sang ou de sève; mais le tout a été remplacé par des grains de pierre qui ont gardé la forme et jusqu'à la couleur de l'être détruit. Dans l'épaisseur de ces pierres, ce sont les coquillages des mollusques et les disques, les boules, les épines, les cylindres, les baguettes siliceuses et calcaires des foraminifères et des diatomées qui se rencontrent en plus étonnantes multitudes; mais il s'y trouve aussi des formes qui remplacent exactement les chairs molles de ces êtres organisés; on voit des squelettes de poissons avec leurs nageoires et leurs écailles; on reconnaît des élytres d'insectes, des branchilles et des feuilles; on distingue jusqu'à des traces de pas, et, sur la roche dure qui fut jadis le sable incertain des plages, on retrouve l'empreinte des gouttes de pluie et l'entre-croisement des sillons tracés par les vaguelettes du bord.

Les fossiles, fort rares dans certaines roches de formation marine, très nombreux au contraire en d'autres assises, et constituant la masse presque entière des marbres et des craies, nous servent à reconnaître l'âge relatif des assises qui se sont déposées pendant la série des temps. En effet, toutes les couches fossillifères n'ont pas été renversées et bizarrement entremêlées par les failles et par les éboulis, la plupart d'entre elles ont même gardé leur superposition régulière, de sorte que l'on peut observer et recueillir les fossiles dans l'ordre de leur apparition. Là où les assises, encore dans leur état normal, ont la position qu'elles avaient jadis, après avoir été déposées par les eaux marines ou lacustres, le coquillage que l'on découvre dans la couche supérieure est certainement plus moderne que celui des couches situées au-dessous. Des centaines, des milliers d'années, représentées par les innombrables molécules intermédiaires du grès ou de la craie, ont séparé les deux existences.

Si les mêmes espèces de plantes et d'animaux avaient toujours vécu sur la terre depuis le jour où ces organismes vivants firent leur première apparition sur l'écorce refroidie de la planète, on ne pourrait juger de l'âge relatif des deux couches terrestres séparées l'une de l'autre. Mais des êtres différents n'ont cessé de se succéder pendant les âges et par conséquent dans les assises superposées. Certaines formes, qui se montrent en très grande abondance au sein des roches stratifiées les plus anciennes, deviennent peu à peu plus rares dans les roches d'origine moins éloignée, puis finissent par disparaître tout à fait. Les nouvelles espèces qui succèdent aux premières ont aussi, comme chaque être en particulier, leur période de renaissance, de propagation, de dépérissement et de mort; on pourrait comparer chaque espèce de fossile animal ou végétal à un arbre gigantesque, dont les racines plongent dans les terrains inférieurs d'antique formation, et dont le tronc se ramifie et se perd dans les couches hautes d'origine plus récente.

Les géologues, qui, dans les divers pays du monde, passent leur temps à examiner les roches et à les étudier molécule à molécule, afin d'y découvrir les vestiges d'êtres jadis vivants, ont pu, grâce à l'ordre de succession des fossiles de toute espèce, reconnaître aux restes enfermés l'âge relatif des diverses assises de la terre qu'ont déposées les eaux. Dès que les observations comparées ont été assez nombreuses, il devint même souvent facile, à la vue d'un seul fossile, de dire à quelle époque des âges terrestres appartient la roche où il s'est rencontré. Une pierre quelconque de grès, de schiste ou de calcaire, offre une empreinte bien nette de coquille ou de plante; cela suffit parfois. Le naturaliste, sans crainte de se tromper, déclare que la pierre dans laquelle est marquée cette empreinte appartient à telle ou telle série de roches et doit être classée à telle ou telle époque dans l'histoire de la planète.

Ces fossiles révélateurs, qui, sous forme d'êtres vivants, s'agitaient, il y a des millions d'années, dans la vase des abîmes océaniques, se retrouvent maintenant à toutes les hauteurs, dans les assises des montagnes. On en voit sur la plupart des cimes pyrénéennes, ils constituent des Alpes entières; on les re-

connaît sur le Caucase et sur les Cordillères.
L'homme les verrait également sur les sommets de l'Himalaya, s'il pouvait s'élever à ces hauteurs. Ce n'est pas tout : ces nappes fossilifères, qui dépassent aujourd'hui la zone moyenne des nuages, atteignaient autrefois des altitudes beaucoup plus considérables. En maints endroits, sur un versant des montagnes, on constate que des assises de roches sont plus ou moins souvent interrompues. Çà et là, peut-être, le géologue retrouve dans les vallons quelques lambeaux de ces terrains; mais les couches continues ne reprennent que bien loin de là, sur le versant opposé de la montagne. Que sont devenus les fragments intermédiaires? Ils existaient jadis, car, même en les brisant, la masse granitique, montant de l'intérieur, n'a pu que les fendiller; mais les assises lézardées n'en restaient pas moins sur le sommet glissant.

# CHAPITRE VI

## LA DESTRUCTION DES CIMES

Et pourtant ces masses énormes, monts empilés sur des monts, ont passé comme des nuages que le vent balaye du ciel ; les assises de trois, quatre ou cinq kilomètres d'épaisseur, que la coupe géologique des roches nous révèle avoir existé jadis, ont disparu pour entrer dans le circuit d'une création nouvelle. Il est vrai, la montagne nous paraît encore formidable, et nous en contemplons avec une admiration mêlée d'effroi les pics superbes pénétrant au-dessus des nuées dans l'air glacé de l'espace. Si hautes sont ces pyramides neigeuses qu'elles nous cachent une moitié du ciel ; d'en bas, ses précipices, qu'essaye vainement de mesurer notre regard, nous donnent le vertige. Néanmoins, tout cela n'est plus qu'une ruine, un simple débris.

Autrefois, les couches d'ardoises, de calcaires, de grès, qui s'appuient à la base de la montagne et se redressent çà et là en sommets secondaires, se rejoignaient, par-dessus la cime granitique, en couches uniformes ; elles ajoutaient leur énorme épaisseur à l'élévation déjà si grande du pic suprême. La hauteur de la montagne était doublée, la pointe atteignait alors cette région où l'atmosphère est si rare que l'aile même de l'aigle n'a plus la force de s'y soutenir. Ce n'est plus le regard, c'est l'imagination qui s'effraye à la pensée de ce que la montagne était alors, et de ce que les neiges, les glaces, les pluies et les tempêtes lui ont enlevé pendant la série des âges. Quelle histoire infinie, quelles vicissitudes sans nombre dans la succession des plantes, des animaux et des hommes, depuis que les monts ont ainsi changé de forme et perdu la moitié de leur hauteur !

Ce prodigieux travail de déblai n'a, d'ailleurs, pu s'accomplir sans qu'il en reste, en maints endroits, des traces irrécusables. Les débris qui ont glissé du haut des cimes avec les neiges, que la glace a poussés devant elle, que les eaux ont triturés, menuisés, entraînés en cailloux, en graviers et en sables, ne sont pas tous retournés à la mer, d'où ils étaient sortis à une période antérieure ; d'énormes amas se voient encore dans l'espace qui sépare les pentes hardies de la montagne et les terres basses riveraines de l'Océan. Dans cette zone intermédiaire, où les collines se déroulent en longues ondulations, comme les vagues de la mer, le sol est en entier composé de pierres roulées et de gravois entassés. Tout cela, ce sont les restes de la montagne, que les eaux ont réduite en menus fragments, transportée en détail et déversée en énormes alluvions à l'issue des grandes vallées. Les torrents descendus des hauteurs fouillent à leur aise dans ces plateaux de débris, et en font ébouler les talus dans le sillon qu'ils se sont creusé. Sur les pentes du fossé profond où serpentent les eaux, on reconnaît, dans un désordre apparent, les diverses roches qui ont servi de matériaux au grand édifice de la montagne : voici les blocs de granit et les fragments de porphyre; voilà des schistes aux arêtes aiguës à demi enfouis dans le sable; ailleurs sont des morceaux de quartz, des grès, des cailloux calcaires, des rognons de minerai, des cristaux émoussés. On y trouve aussi des fossiles d'époques différentes, et, dans les espaces où les eaux ont tournoyé longtemps, se sont arrêtés d'innombrables squelettes d'animaux flottés. C'est là qu'on a découvert, par milliers, les ossements des hipparions, des aurochs, des élans, des rhinocéros, des mastodontes, des mammouths et autres grands mammifères qui parcouraient autrefois nos campagnes et qui maintenant ont disparu, cédant à l'homme l'empire du monde. Les torrents qui apportèrent tous ces débris les emportent pièce à pièce en les réduisant en poussière. Squelettes et fossiles, argiles et sables, blocs de schiste, de grès et de porphyre, tout s'effondre peu à peu, tout prend le chemin de la mer; l'immense travail de dénudation qui s'est accompli pour la grande montagne recommence en petit pour les amas de décombres; ravinés par les eaux, ils s'abaissent graduellement en hauteur, ils se fragmentent en collines distinctes. Néanmoins, même amoindri comme il l'est par le travail des siècles, tout croulant et ruiné, le plateau de débris qui s'étend à la base de la montagne suffirait pour ajouter quelques milliers de mètres à la grande cime, s'il reprenait sa position première dans les assises de la roche. « C'est en léchant les monts, dit une antique prière des Indous, que la vache céleste, c'est-à-dire la pluie des cieux, a formé les campagnes. »

Sous nos yeux mêmes se poursuit le travail de dénudation des roches avec une étonnante activité. Il est des montagnes, composées de matériaux peu cohérents, que nous voyons se fondre, se dissoudre, pour ainsi dire : des gorges se creusent dans les flancs du mont, des brèches s'ouvrent au milieu de la crête; ravinée par les avalanches et par les eaux d'orage, la grande masse, naguère une et solitaire, se divise peu à peu en deux cimes distinctes, qui semblent s'éloigner l'une de l'autre à mesure que le gouffre de séparation est plus profondément fouillé.

Au printemps surtout, alors que le sol a été détrempé par les neiges fondantes, les éboulis, les tassements, les érosions prennent de telles proportions, que la montagne entière semble vouloir s'affaisser et prendre le chemin de la plaine. Un jour de douce et humide chaleur, je m'étais aventuré dans une gorge de la montagne, pour en revoir encore une fois les neiges, avant que les eaux printanières les eussent emportées. Elles obstruaient toujours le fond du ravin, mais en maint endroit elles étaient méconnaissables, tant elles étaient recouvertes de débris noirâtres et mélangés de boue. Les roches ardoisées qui dominaient la gorge semblaient changées en une sorte de bouillie et s'abîmaient en larges pans; la fange noire qui suintait en ruisseaux des parois du défilé s'engouffrait avec un sourd clapotement dans la neige à demi liquide. De toutes parts, je ne voyais que cataractes de neige souillée et de débris; instinctivement, je me demandais, avec une sorte d'effroi, si les rochers, se fondant comme la neige elle-même, n'allaient pas s'unir par-dessus la vallée en une seule masse visqueuse et s'épancher au loin dans les campagnes. Le torrent, que j'apercevais çà et là par des puits au fond desquels s'étaient effondrées les couches supérieures de neiges, paraissait transformé en un fleuve d'encre, tant ses eaux étaient chargées de débris ; c'était une énorme masse de fange en mouvement. Au lieu du son clair et joyeux que j'étais accoutumé d'entendre, le torrent rendait un mugissement continu, celui de tous les décombres entre-choqués roulant au fond du lit. C'est au printemps surtout, à l'époque annuelle de la rénovation terrestre, que l'on voit s'accomplir ce prodigieux travail de destruction.

En outre, un immense travail invisible se fait dans la pierre elle-même. Tous les changements causés par les météores ne sont que des modifications extérieures ; les transformations intimes qui s'accomplissent dans les molécules de la roche ont, par leurs résultats, une importance au moins égale. Tandis que la montagne se délite en dehors et change incessamment d'aspect, elle prend à l'intérieur une structure nouvelle, et les assises mêmes se modifient dans leur composition. Pris en son ensemble, le mont est un immense laboratoire naturel, où toutes les forces physiques et chimiques sont à l'œuvre, se servant, pour accomplir leur travail, de cet agent souverain que l'homme n'a pas à sa disposition, le temps.

D'abord, l'énorme poids de la montagne, égal à des centaines de milliards de tonnes, pèse d'une telle puissance sur les roches inférieures, qu'elle donne à plusieurs d'entre elles une apparence bien différente de celle qu'elles avaient en émergeant des mers. Peu à peu, sous la formidable pression, les ardoises et les autres formations schisteuses prennent une disposition feuilletée. Pendant les milliers et les milliers de siècles qui s'écoulent, les molécules comprimées s'amincissent en folioles que l'on peut ensuite séparer facilement, lorsque, après quelque révolution géologique, la roche se trouve de nouveau ramenée à la surface. L'action de la chaleur terrestre, qui, jusqu'à une certaine distance du moins, s'accroît avec la profondeur, contribue aussi à changer la structure des roches. C'est ainsi que les calcaires ont été transformés en marbres.

Mais non seulement les molécules des rochers se rapprochent ou s'éloignent et se groupent diversement, suivant les conditions physiques dans lesquelles elles se trouvent pendant le cours des âges, mais la composition des pierres change également ; c'est un chassé-croisé continuel, un voyage incessant des corps qui se déplacent, s'entremêlent, se poursuivent. L'eau qui pénètre par toutes les fissures dans l'épaisseur de la montagne et celle qui remonte en vapeur des abîmes profonds servent de véhicule principal à ces éléments qui s'attirent, puis se repoussent, entraînés dans le grand tourbillon de la vie géologique. Dans les fentes de la montagne le cristal est chassé par un autre cristal ; le fer, le cuivre, l'argent ou l'or remplacent l'argile ou la chaux ; la roche terne s'irise de la multitude des substances qui la pénètrent. Par le déplacement du carbone, du soufre, du phosphore, la chaux devient marne, dolomite, plâtre-gypse cristallin ; par suite de ces nouvelles combinaisons, la roche se gonfle ou se resserre, et des révolutions s'accomplissent avec lenteur dans le sein de la montagne. Bientôt la pierre, comprimée dans un espace trop étroit, soulève, écarte les assises surincombantes, fait crouler d'énormes pans et, par de lents efforts dont les résultats sont les mêmes que ceux d'une explosion prodigieuse, donne un nouveau groupement aux roches de la montagne. Tantôt la pierre se contracte, se fendille, se creuse en grottes, en galeries, et de grands écroulements s'y produisent, modifiant ainsi l'aspect et la forme extérieure du mont. A chaque modification intime dans la composition de la roche correspond un changement dans le relief. La montagne résume en elle toutes les révolutions géologiques. Elle a crû pendant des milliers de siècles, décrû pendant d'autres milliers, et dans ses assises se succèdent sans fin tous les phénomènes de croissance et de décroissance, de formation et de destruction, qui s'accomplissent plus en grand pour la grande Terre. L'histoire de la montagne est celle de la planète elle-même ; c'est une destruction incessante, un renouvellement sans fin.

Chaque roche résume une période géologique. Dans cette montagne au profil si gracieux, surgissant de la terre avec une si noble attitude, on croirait voir l'œuvre d'un jour, tant l'ensemble a d'unité, tant les détails concourent à l'harmonie générale. Et pourtant cette montagne a été sculptée pendant une myriade de siècles. Ici, quelque vieux granit raconte les vieux âges où la fibre végétale n'avait pas encore recouvert la scorie terrestre. Le gneiss, qui lui-même se forma peut-être à l'époque où plantes et animaux étaient encore à naître, nous dit que, lorsque l'Océan le déposa sur ses rives, des montagnes avaient été déjà démolies par les flots. La plaque d'ardoise qui garde l'os d'un animal, ou seulement une légère empreinte, nous raconte l'histoire des générations innombrables qui se sont succédé à la surface de la terre dans l'incessante bataille de la vie ; les traces de houille nous parlent de ces forêts immenses dont chacune en mourant n'a fait qu'une légère couche de charbon ; la falaise calcaire, amas d'animalcules que nous révèle le microscope, nous fait assister au travail des multitudes d'organismes qui pullulaient au fond des mers ; les débris de toute espèce nous montrent les eaux de pluie, les neiges, les glaciers, les torrents, déblayant jadis les monts comme ils le font aujourd'hui, et changeant d'âge en âge le théâtre de leur activité.

A la pensée de toutes ces révolutions, de ces transformations incessantes, de cette série continue de phénomènes qui se produisent dans la montagne, du rôle qu'elle remplit dans la vie générale de la terre et dans l'histoire de l'humanité, on comprend les premiers poètes, qui, à la base du Pamir ou du Bolor, racontèrent les mythes d'où sont dérivés tous les autres. Ils nous disent que la montagne est une créatrice. C'est elle qui verse dans les plaines les eaux fertilisantes et leur envoie le limon nourricier; elle qui, avec l'aide du soleil, fait naître les plantes, les animaux et les hommes; elle qui fleurit le désert et le parsème de cités heureuses. Suivant une ancienne légende hellénique, celui qui fit surgir les monts et modela la terre fut Éros, le dieu toujours jeune, le premier-né du chaos, la nature qui se renouvelle sans cesse, le dieu de l'éternel amour.

# CHAPITRE VII

### LES ÉBOULIS

Non seulement la montagne se transforme incessamment en plaine par les érosions que lui font subir les pluies, les gelées, les neiges glissantes, les avalanches, mais encore des fragments considérables s'en déchirent violemment pour s'écrouler tout à coup. Pareille catastrophe est fréquente dans les parties du mont où les strates, redressées ou surplombantes, sont largement séparées les unes des autres par des matières de nature différente que l'eau peut déblayer ou dissoudre. Que ces substances intermédiaires viennent à disparaître, et les assises, dépourvues d'appui, doivent tôt ou tard s'écrouler dans la vallée. A côté des grands escarpements, ces débris tombés forment une butte, un monticule ou même une montagne secondaire.

Une cime, d'ailleurs élevée, que j'aimais à gravir à cause de son isolement et de la fière beauté de ses arêtes, m'avait toujours paru, comme le grand sommet lui-même, être une roche indépendante, tenant par ses assises profondes à la terre sous-jacente; ce n'était pourtant qu'un pan détaché de la montagne voisine. Je le reconnus un jour à la position des couches et à l'aspect des plans de brisure encore visibles sur les deux parois correspondantes. La masse écroulée qui portait des hameaux et des champs, des bois et des pâturages, n'avait eu, après la rupture, qu'à pivoter sur sa base et à se renverser sur elle-même. Une de ses faces s'était enfoncée dans le sol, tandis que de l'autre côté elle s'était partiellement déracinée. Dans sa chute, elle avait fermé l'issue de toute une vallée, et le torrent qui, jadis, coulait paisiblement dans le fond, avait dû se transformer en lac, pour combler le cirque dans lequel il était enfermé et d'où il redescend aujourd'hui par une succession de rapides et de cascades. Sans doute ces changements se firent avant que le pays fût habité, car la tradition de l'événement ne s'est point conservée. C'est le géologue qui raconte au paysan l'histoire de sa propre montagne.

Quant aux écroulements de moindre importance, à ces chutes de rochers qui, sans changer sensiblement l'aspect de la contrée, n'en ruinent pas moins les pâtures, n'en écrasent pas moins les villages avec leurs habitants, les montagnards n'ont pas besoin qu'on vienne les leur décrire; ils ont été malheureusement trop souvent les témoins de ces événements terribles. D'ordinaire, ils en sont avertis quelque temps à l'avance. La poussée intérieure de la montagne en travail fait vibrer incessamment la pierre du haut en bas des parois. De petits fragments, à demi descellés, se détachent d'abord et roulent en bondissant le long des pentes. Des masses plus lourdes, entraînées à leur tour, suivent les pierrailles en dessinant comme elles de puissantes courbes dans l'espace. Puis viennent des pans de roche entiers; tout ce qui doit crouler rompt les attaches qui le retenaient à l'ossature intérieure de la montagne, et d'un coup la grêle effroyable de quartiers de roches s'abat sur la plaine ébranlée. Le fracas est indicible; on dirait un conflit entre cent ouragans. Même en plein jour, les débris de roches, mêlés à la poussière, à la terre végétale, aux fragments de plantes, obscurcissent complètement le ciel; parfois de sinistres éclairs, provenant des rochers qui s'entre-choquent, jaillissent de ces ténèbres. Après la tempête, quand la montagne ne secoue plus dans la plaine ses roches disjointes, quand l'atmosphère s'est éclaircie de nouveau, les habitants des campagnes épargnées se rapprochent et viennent contempler le désastre. Chalets et jardins, enclos et pâturages ont disparu sous le hideux chaos de pierres; des amis, des parents y dorment aussi de leur grand sommeil. Des montagnards m'ont raconté que, dans leur vallée, un village, deux fois détruit par des avalanches de pierres, a été rebâti une troisième fois sur le même emplacement. Les habitants auraient bien voulu s'enfuir et faire choix pour leur demeure de quelque vallée bien large, mais nulle communauté voisine ne voulut les accueillir et leur céder des terres; ils ont dû rester sous la menace des roches suspendues. Chaque soir, quelques coups de cloche leur rappellent les terreurs du passé et les avertissent du sort qui les atteindra peut-être pendant la nuit.

Nombre de roches tombées, que l'on aperçoit au milieu des champs, ont une terrible légende; mais on en montre aussi quelques-unes qui ont manqué leur proie. Un de ces blocs énormes surplombant et dont la base était de toutes parts enracinée dans le sol se dresse à côté du chemin. En admirant ses proportions superbes, sa masse puissante, la finesse de son grain, je ne pouvais me défendre d'une sorte d'effroi. Un petit sentier, se détachant de la route, allait droit vers le pied d'une formidable pierre. Près de là, quelques débris de vaisselle et de charbon étaient entassés à la base; une barrière de jardin s'arrêtait brusquement au rocher, et des plates-bandes de légumes, à demi envahies par les mauvaises herbes, entouraient tout un côté de l'énorme masse.

Qui avait choisi cet endroit bizarre pour y établir son jardin et pour l'abandonner ensuite? Je compris peu à peu. Le sentier, l'amas de charbon, le jardin, appartenaient naguère à une maisonnette maintenant écrasée sous la roche. Pendant la nuit de l'écroulement, un homme, je l'ai su plus tard, dormait seul dans cette maison. Réveillé en sursaut, il entendit le fracas de la pierre descendant de pointe en pointe sur le flanc de la montagne, et, dans sa frayeur, il s'élança par la fenêtre pour aller chercher un abri derrière la berge du torrent. A peine avait-il bondi hors de sa demeure que l'énorme projectile s'abattait sur la cabane et l'enfonçait sous elle à quelques mètres dans le sol. Depuis son heureuse escapade, le brave homme a rebâti sa hutte; il l'a blottie avec confiance à la base d'une autre roche tombée de la formidable paroi.

Dans mainte vallée de la montagne, ce sont des écroulements de pierres appelés clapiers, lapiaz ou chaos, qui forment les défilés, où torrents et sentiers se frayent difficilement leur passage. Rien de plus curieux que le désordre de ces masses entremêlées en un labyrinthe sans fin. Là-haut, sur le flanc du mont, on distingue encore, à la couleur et à la forme des roches, l'endroit où s'est produit l'effondrement ; mais on se demande avec stupeur comment un espace d'aussi faibles dimensions apparentes a pu vomir dans la vallée un tel déluge de pierres. Au milieu de ces blocs formidables et bizarres, le voyageur se croirait dans un monde à part, où rien ne rappelle la planète connue, à la surface unie ou doucement mouvementée. Des roches, semblables à des monuments fantastiques, se dressent çà et là ; ce sont des tours, des obélisques, des porches crénelés, des fûts de colonnes, des tombeaux renversés ou debout. Des ponts d'un seul bloc cachent le torrent ; on voit les eaux s'engouffrer, disparaître sous l'énorme arcade, et l'on cesse même d'en entendre la voix. Parmi ces monstrueux édifices se montrent des formes gigantesques, comme celles des animaux fossiles dont on retrouve quelquefois les ossements disloqués dans les couches terrestres. Mammouths, mastodontes, tortues géantes, crocodiles ailés, tous ces êtres chimériques grouillent dans l'effrayant chaos. Des milliers de ces pierres sont entassées dans le défilé, et cependant une seule d'entre elles est de dimensions suffisantes pour servir de carrière et fournir à la construction de villages entiers.

Ces clapiers, que je vois avec tant d'étonnement et au milieu desquels je ne m'aventure qu'avec hésitation, sont pourtant peu de chose, en comparaison de quelques écroulements de montagnes dont les débris couvrent des districts d'une grande étendue. Il est des massifs montagneux dont les cimes se composent de roches compactes et pesantes reposant elles-mêmes sur des couches friables, faciles à déblayer par les eaux. Dans ces massifs, les chutes de pierres sont un phénomène normal, comme les avalanches et la pluie. On regarde toujours vers les sommets pour voir si l'écroulement se prépare. Dans une région peu éloignée, qu'on appelle le Pays des Ruines, il est deux montagnes qui, d'après les récits des habitants, auraient jadis engagé la lutte l'une contre l'autre. Les deux géants de pierre, devenus vivants, se seraient armés de leurs propres rochers pour s'entre-ruiner et se démolir. Elles n'ont point réussi, puisqu'elles sont encore debout; mais on peut s'imaginer les entassements prodigieux de rochers qui, depuis ce combat, jonchent au loin les plaines.

Quelquefois l'homme, en dépit de sa faiblesse, a essayé d'imiter la montagne, et cela pour écraser d'autres hommes comme lui. C'est aux défilés surtout, aux endroits où la gorge est étroite et dominée par des escarpements rapides, que se portaient les montagnards pour faire rouler des blocs sur les têtes de leurs ennemis. Ainsi les Basques, cachés derrière les broussailles sur les pentes de la montagne d'Altabiscar, attendaient l'armée française du paladin Roland qui devait pénétrer dans l'étroit passage de Roncevaux. Lorsque les colonnes des soldats étrangers, semblables à un long serpent qui glisse dans une lézarde, eurent rempli le défilé, un cri se fit entendre, et les roches s'écroulèrent en grêle sur cette foule qui se déroulait en bas. Le ruisseau de la vallée se gonfla du sang qui, des membres écrasés, s'écoulait comme le vin d'un pressoir; il roula les corps humains et les chairs broyées comme il roulait les pierres en temps d'orage. Tous les guerriers francs périrent, mêlés les uns aux autres en une masse sanglante. On montre encore au pied d'Altabiscar l'endroit où le paladin Roland mourut avec ses compagnons; mais les pierres sous lesquelles fut écrasée son armée ont depuis longtemps disparu sous le tapis de bruyères et d'ajoncs.

Les résultats de nos petits travaux humains sont peu de chose en comparaison des écroulements naturels qui se produisent sous l'action des météores, ou par suite de la poussée intérieure des monts. Même après de longs siècles, les grandes avalanches de pierres présentent un aspect tellement bouleversé qu'elles laissent dans l'esprit une impression d'horreur et d'effroi. Mais quand la nature a fini par réparer le désastre, les sites les plus gracieux des montagnes sont précisément ceux où les escarpements se sont secoués pour égrener des rochers à leur base. Pendant le cours des âges, les eaux ont fait leur œuvre; elles ont apporté de l'argile, des sables ténus pour reconstituer leur lit et former aux abords une couche de sol végétal; les torrents ont peu à peu déblayé leur cours en rongeant ou en déplaçant les pierres qui les gênaient;

l'espèce de pavé monstrueux formé par les roches plus petites s'est recouvert de gazon et s'est changé en un pâturage bosselé, hérissé de pointes ; les grands rochers eux-mêmes se sont vêtus de mousse, et çà et là se groupent en monticules pittoresques ; des arbres en bouquets croissent à côté de chaque saillie rocheuse et parsèment des massifs les plus charmants le paysage déjà si gracieux. Comme le visage de l'homme, la face de la nature change de physionomie ; à la grimace a succédé le sourire.

# CHAPITRE VIII

LES NUAGES

Sur la grandeur du globe, la montagne, toute haute qu'elle apparaît, n'est qu'une simple rugosité moins forte en proportion que ne le serait une verrue sur le corps d'un éléphant : c'est un point, un grain de sable. Et pourtant cette saillie, tellement minime par rapport à la grande terre, baigne ses flancs et sa crête en des régions aériennes bien différentes de celles des plaines qui servent de résidence aux peuples. Le piéton qui, dans l'espace de quelques heures, s'élève de la base du mont aux rochers de la cime, fait en réalité un voyage plus grand, plus fécond en contrastes que s'il mettait des années à faire le tour du monde, à travers les mers et les régions basses des continents.

C'est que l'air pèse en lourde masse sur l'Océan et sur les contrées qui se trouvent à une faible distance au-dessus du niveau marin, et que, dans les hauteurs, il se raréfie et devient de plus en plus léger. Sur la terre, des centaines et même des milliers de monts élèvent leurs sommets dans une atmosphère dont les molécules sont deux fois plus écartées que celles de l'air des plaines inférieures. Phénomènes de lumière, de chaleur, de climat, de végétation, tout est changé là-haut; l'air, plus rare, laisse passer plus facilement les rayons de chaleur, qu'ils descendent du soleil ou qu'ils remontent de la terre. Quand l'astre brille dans un ciel clair, la température s'élève rapidement sur les pentes supérieures; mais, dès qu'il se cache, les hautes parties de la montagne se refroidissent aussitôt; par le rayonnement, elles perdent très vite la chaleur qu'elles avaient reçue. Aussi le froid règne-t-il presque toujours sur les hauteurs; dans nos montagnes, il fait en moyenne plus froid d'un degré par chaque espace vertical de deux cents mètres.

Pour nous, malheureux citadins, qui sommes condamnés à une atmosphère souillée, qui recevons dans nos poumons un air tout chargé de poisons, respiré déjà par des multitudes d'autres poitrines, ce qui nous étonne et nous réjouit le plus, quand nous parcourons les hautes cimes, c'est la merveilleuse pureté de l'air. Nous respirons avec joie, nous buvons le souffle qui passe, nous nous en laissons enivrer. C'est pour nous l'ambroisie dont parlent les mythologies antiques. A nos pieds, loin, bien loin dans la plaine, s'étend un espace brumeux et sale où le regard ne peut rien discerner. Là est la grande ville! Et nous pensons avec dégoût aux années pendant lesquelles il nous a fallu vivre sous cette nappe de fumée, de poussière et d'haleines impures.

Quel contraste entre cette vue des plaines et l'aspect de la montagne, lorsque la cime en est dégagée de vapeurs et qu'on peut la contempler de loin à travers la lourde atmosphère qui pèse sur les terres basses! Le spectacle est beau, surtout lorsque la pluie a fait tomber sur le sol les poussières flot-

tantes, que l'air est rajeuni, pour ainsi dire.
Le profil de rochers et de neiges se détache
nettement du bleu des cieux; malgré l'énorme
distance, le mont, azuré lui-même comme les
profondeurs aériennes, se peint sur le ciel avec
tout son relief d'arêtes et de promontoires;
on distingue les vallons, les ravins, les précipices; parfois même, à la vue d'un point
noir qui se déplace lentement sur les neiges,
on peut, à l'aide d'une lunette d'approche,
reconnaître un ami gravissant la cime. Le
soir, après le coucher du soleil, la pyramide
se montre dans sa beauté la plus pure et
la plus splendide à la fois. Le reste de la
terre est dans l'ombre, le gris du crépuscule voile les horizons des plaines; l'entrée
des gorges est déjà noircie par la nuit. Mais
là-haut tout est lumière et joie. Les neiges,
que regarde encore le soleil, en réfléchissent
les rayons roses; elles flamboient, et leur
clarté paraît d'autant plus vive que l'ombre
monte peu à peu, envahissant successivement
les pentes, les recouvrant comme d'une étoffe
noire. A la fin, la cime est seule assez haute
pour apercevoir le soleil par-dessus la cour-

bure de la terre; elle s'illumine comme d'une étincelle; on dirait un de ces diamants prodigieux qui, d'après les légendes indoues, fulguraient au sommet des montagnes divines. Mais soudain la flamme a disparu, elle s'est évanouie dans l'espace. Qu'on ne cesse de regarder pourtant : au reflet du soleil succède celui des vapeurs empourprées de l'horizon. La montagne s'illumine encore une fois, mais d'un éclat plus doux. La roche dure ne semble plus exister sous son vêtement de rayons; il ne reste qu'un mirage, une lumière aérienne; on croirait que le mont superbe s'est détaché de la terre et flotte dans le ciel pur.

Ainsi, la rareté de l'air des hautes régions contribue à la beauté des cimes, en empêchant les souillures de la basse atmosphère de gagner les sommets; mais elle force aussi les vapeurs invisibles qui s'élèvent de la mer et des plaines à se condenser et à s'attacher en nuages aux flancs de la montagne. D'ordinaire, l'eau vaporisée suspendue dans les couches inférieures de l'air ne s'y trouve pas en quantité assez considérable pour qu'elle se change immédiatement en nuées et retombe en pluies; l'atmosphère où elle flotte la maintient à l'état de gaz invisible. Mais que la couche d'air monte dans le ciel, emportant ses vapeurs, elle se refroidira graduellement, et son eau, condensée en molécules distinctes, se révèlera bientôt. C'est d'abord une nuelle presque imperceptible, un flocon blanc dans le ciel bleu; mais à ce flocon s'en ajoutent d'autres; maintenant, c'est un voile dont les déchirures laissent çà et là pénétrer le regard dans les profondeurs de l'espace; à la fin, c'est une masse épaisse se déployant en rouleaux ou s'entassant en pyramides. Il est de ces nuages qui se dressent sur l'horizon en forme de véritables montagnes. Leurs crêtes et leurs dômes, leurs neiges, leurs glaces resplendissantes, leurs ravins ombreux, leurs précipices, tout le relief se révèle avec une netteté parfaite. Seulement, les monts de vapeur sont flottants et fugitifs; un courant d'air les a formés, un autre courant peut les déchirer et les dissoudre. A peine leur durée est-elle de quelques heures, tandis que celle des monts de pierre est de millions d'années:

mais en réalité la différence est-elle donc si grande? Relativement à la vie du globe, nuages et montagnes sont également des phénomènes d'un jour. Minutes et siècles se confondent, lorsqu'ils se sont engouffrés dans l'abîme des temps.

Les nues aiment surtout à s'amonceler autour des roches qui se dressent en plein ciel. Les unes sont attirées vers le roc par une électricité contraire à la leur propre; les autres, pourchassées par le vent dans l'espace, viennent se heurter sur les pentes des monts, grande barrière placée en travers de leur marche. D'autres encore, invisibles dans l'air tiède, ne se révèlent qu'au contact de la pierre froide ou des neiges; c'est la montagne qui condense les vapeurs et les exprime de l'air, pour ainsi dire. Que de fois, en contemplant la cime ou quelque promontoire avancé, j'ai vu les duvets des nuages naissants s'amasser autour de la pointe glacée! Une fumée s'élève, semblable à celle qui monte d'un cratère; bientôt chaque piton en est enveloppé, et le mont finit par s'entourer d'un turban de nuages qu'il a lui-même tissés dans l'air transparent. Des mains invisibles, semble-t-il, travaillent à la formation des tempêtes et à la chute des pluies. Quand les habitants des plaines voient la montagne disparaître sous un amas de nues, ils comprennent, à la manière dont se coiffe le géant, quel genre de fête il leur prépare. Quand deux souffles d'air viennent se rencontrer à sa pointe, l'un brûlant, l'autre froid, la nue formée soudain se dresse haut en tourbillonnant dans le ciel ; la montagne est un volcan, et la vapeur s'en échappe incessamment avec une sorte de furie pour aller se replier au loin dans le ciel en une courbe immense.

Des nuages détachés s'éparpillent librement dans le ciel, ils se rejoignent, se cardent ou s'effilent sous le vent, s'étalent ou s'envolent et montent jusque dans l'atmosphère supérieure, bien au-dessus des cimes les plus élevées de la terre ; la diversité de leurs formes est beaucoup plus grande que celle des nuages qui ceignent les sommets de la montagne. Cependant ceux-ci présentent également une singulière mobilité d'aspect. Tantôt ce sont des nues isolées qui se déplacent avec les nappes d'air froid; on les voit alors serpenter en rampant dans les ravins ou cheminer le long des arêtes en s'effrangeant aux roches aiguës. Tantôt ce sont de gros nuages qui cachent à la fois toute une pente de la montagne; à travers leur masse épaisse, qui grossit ou diminue, se déplace ou se déchire, on distingue de temps en temps la cime bien connue, d'autant plus superbe en apparence qu'elle semble vivre et se mouvoir entre les vapeurs tournoyantes. D'autres fois, les nappes aériennes superposées et de températures différentes sont parfaitement horizontales et distinctes comme des strates géologiques; les nuages qu'on y voit naître ont une forme analogue : ils sont disposés en bandes régulières et parallèles, cachant ici des forêts, là des pâturages, des neiges et des rochers, ou les voilant à demi comme une écharpe transparente. Parfois encore les cimes, les pentes supérieures, toute la haute montagne est noyée dans la lourde masse des nues, semblable à un ciel gris ou noir qui se serait abaissé vers la terre; la montagne s'éloigne ou se rapproche suivant le jeu des vapeurs qui diminuent ou s'épaississent. Soudain, tout disparaît de la base au sommet : le mont s'est en entier perdu dans les brumes ; puis l'orage descend des cimes, il fouette cette mer de lourdes vapeurs, et l'on voit le géant apparaître de nouveau « noir, triste, dans le vol éternel des nuées. »

# CHAPITRE IX

### LE BROUILLARD ET L'ORAGE

On se trouve comme dans un monde nouveau, à la fois redoutable et fantastique, lorsqu'on parcourt la montagne au milieu du brouillard. Même en suivant un sentier bien frayé, sur des pentes faciles, on éprouve un certain effroi à la vue des formes environnantes, dont le profil incertain semble osciller dans la brume, qui tantôt s'épaissit, tantôt devient plus claire.

Il faut être déjà l'intime de la nature pour ne pas se sentir inquiet quand on est le captif du brouillard; le moindre objet prend des proportions immenses, infinies. Quelque chose de vague et de noir paraît s'avancer vers nous comme pour nous saisir. Est-ce une branche, un arbre même? Ce n'est peut-être qu'une touffe d'herbe. Un cercle de cordages vous barre la route : simple toile d'araignée! Un jour que le brouillard avait une faible épaisseur et que les rayons du soleil, transmis par les vapeurs, y faisaient poudroyer la lumière, je m'arrêtai, plein de stupeur et d'admiration, à la vue d'un arbre gigantesque tordant ses bras comme un athlète, au sommet d'un promontoire. Jamais je n'avais eu le bonheur de voir un arbre plus fort et mieux campé pour lutter héroïquement contre l'orage. Je le contemplai longtemps; mais peu à peu je le vis qui semblait se rapprocher de moi et qui se rapetissait en même temps. Quand le soleil vainqueur eut dissipé la brume, le tronc superbe n'était plus qu'un maigre arbrisseau poussant dans la fissure d'un bloc voisin.

Le voyageur perdu, égaré dans le brouillard, au milieu des précipices et des torrents, se trouve dans une situation vraiment terrible : de toutes parts c'est le danger, c'est la mort. Il faut marcher et marcher vite pour atteindre, aussi vite que possible, le sol uni de la vallée ou les pentes faciles des pâturages, et rencontrer quelque sentier sauveur; mais, dans le vague des choses, rien ne peut servir d'indice et tout paraît un obstacle. D'un côté la terre fuit; on croirait être au bord d'un précipice. De l'autre côté se dresse un roc; la paroi en semble inaccessible. Pour éviter l'abîme, on tente d'escalader la roche abrupte; on met le pied dans une anfractuosité de la pierre et l'on se hisse de saillie en saillie; bientôt on est comme suspendu entre le ciel et la terre. Enfin, on atteint l'arête; mais, derrière le premier roc, voici que s'en dresse un autre au profil indécis et mouvant. Les arbres, les broussailles qui croissent sur les escarpements dardent leurs rameaux à travers la brume, d'une façon menaçante; parfois même, on ne voit qu'une masse noirâtre serpentant dans l'ombre grise : c'est une branche dont le tronc reste invisible. On a le visage baigné par une fine pluie; les touffes de gazon, les bruyères, sont autant de réservoirs d'eau glacée où l'on se mouille comme à la traversée d'un lac. Les membres se raidissent; le pas devient incertain; on risque de glisser sur l'herbe ou sur le roc humide et de rouler dans le précipice.

Des rumeurs terribles remontent d'en bas et semblent prédire un sort fatal; on entend la chute des pierres qui s'écroulent, des branches chargées de pluie qui grincent sur leur tronc, le sourd tonnerre de la cascade et le sinistre clapotement des eaux du lac contre ses rives. C'est avec épouvante que l'on voit la brume se charger de la sombreur du crépuscule et que l'on pense à la terrible alternative de la mort par le dérochement ou par le froid.

Sous un grand nombre de climats, l'impression d'étonnement, d'horreur même, que les montagnes laissent dans l'esprit, provient de ce qu'elles sont presque toujours environnées de brouillards. Telle montagne d'Ecosse ou de la Norvège paraît formidable, bien qu'en réalité elle soit beaucoup moins haute que tant d'autres sommets de la terre. On les a vues souvent se voiler de vapeurs, puis se révéler partiellement et se cacher encore, voyager pour ainsi dire au milieu de la nue, s'éloigner en apparence pour se rapprocher soudain, s'abaisser quand le soleil éclaire nettement les contours, puis grandir ensuite quand ils se frangent de brouillards. Tous ces aspects changeants, ces transfigurations lentes ou rapides de la montagne, la font vaguement ressembler à un géant prodigieux balançant sa tête au-dessus des nuages. Bien différentes des sommets immuables aux profils arrêtés que baigne la pure lumière du ciel de l'Égypte, sont ces montagnes que chantent les poèmes d'Ossian : celles-ci vous regardent ; elles sourient parfois ; parfois elles menacent ; mais elles vivent de votre vie, elles sentent avec vous ; on le croit, du moins, et le poète qui les chante leur donne une âme d'homme.

Belle par les vapeurs qui l'entourent, quand on la voit d'en bas à travers une atmosphère pure, la montagne ne l'est pas moins pour celui qui la contemple d'en haut, surtout au matin, quand la cime elle-même plonge dans le ciel et que sa base est environnée par une mer de nuages. C'est bien un véritable océan qui s'étend de toutes parts jusqu'aux bornes de la vue. Les vagues blanches du brouillard se déroulent à la surface de cette mer, non point avec la régularité des flots liquides, mais dans un majestueux désordre où le regard se perd. Ici, on les voit bouillonner, se gonfler en trombes de fumée, puis s'éparpiller en flocons comme la neige et disparaître dans l'espace. Là, au contraire, elles se creusent en vallons emplis d'ombres. Ailleurs, c'est un tournoiement continuel, un mouvement de flots qui se pourchassent et s'entraînent en rondes bizarres. Parfois, la nappe des vapeurs est assez unie; le niveau des ondes de brume se maintient à une hauteur à peu près uniforme sur tout le pourtour des roches qui s'avancent en promontoires ; en maint endroit, des sommets de collines isolées se dressent au-dessus du brouillard comme des îles ou des écueils. D'autres fois, l'océan brumeux se partage en mers distinctes et laisse apercevoir, çà et là, le fond des vallées, semblables à un monde inférieur qui n'a rien de la douce sérénité des cimes. Le soleil éclaire obliquement toutes les volutes de brume qui s'élèvent au-dessus de la grande mer; les teintes roses, purpurines, dorées, qui se mêlent au blanc pur, varient à l'infini l'aspect de la nappe flottante. L'ombre des monts se projette au loin sur les vapeurs et change incessamment avec la marche du soleil. Le spectateur remarque avec étonnement l'ombre de sa propre personne reproduite sur la nappe de vapeur et quelquefois avec les proportions d'un géant. On croirait voir un monstre spectral qu'on fait mouvoir à son gré en s'inclinant, en marchant, en agitant les bras.

Certaines montagnes, qui se dressent au sein de la mer bleue des vents alizés, sont presque toujours environnées à mi-hauteur d'une nappe de brouillards qui cache presque toujours, au voyageur arrivé sur la cime, la vue de la grande plaine azurée ; mais, autour du sommet dont je parcours les pâturages, les nappes de vapeurs montent et descendent, changent et se dissolvent comme au hasard : ce sont des phénomènes qui n'ont rien de constant. Après des heures ou des journées d'obscurité, le soleil finit par trouer la masse des brumes, les déchire, les disperse en lambeaux, les vaporise dans l'air, et bientôt la terre d'en bas, qui se trouvait privée de la douce clarté, s'illumine de nouveau sous la vivifiante lumière. Mais il arrive aussi que les brouillards s'épaississent, s'accumulent en nuages pressés et tourbillonnants. Les nues s'attirent, puis se repoussent; l'électricité s'amasse dans les vapeurs grossissantes; un orage éclate, et le monde inférieur se perd sous le tumulte de la tempête.

Une fois déchaîné, l'orage ne monte pas toujours à l'escalade des hauteurs qui le dominent; il reste souvent dans les zones basses de l'atmosphère où il s'est formé, et le spectateur, tranquillement assis sur le gazon sec des hauts pâturages éclairés, peut voir à ses pieds les nues ennemies s'entre-choquer et tout noyer avec rage. C'est un tableau magnifique et terrible à la fois. Une clarté livide s'échappe de ces masses bouillonnantes; des reflets cuivrés, des teintes violacées donnent à l'entassement des vapeurs l'aspect d'une immense fournaise de métal en fusion; on pourrait croire que la terre s'est ouverte, laissant échapper de son sein un océan de laves. Les éclairs qui jaillissent, de nue à nue, dans les profondeurs du chaos, vibrent comme des serpents de feu. Le déchirement de l'air, répercuté par les échos de la montagne, se prolonge en roulements sans fin; tous les rochers à la fois semblent envoyer leur tonnerre. En même temps, on entend un bruit sourd qui monte des campagnes inférieures à travers les nuages tourbillonnants. C'est l'averse de pluie ou la chute de la grêle ; c'est le fracas des arbres qui se brisent, des rochers qui se fendent, des avalanches de pierres qui s'écroulent, des torrents qui se gonflent et mugissent en démolissant leurs berges ; mais tous ces fracas divers se confondent en s'élevant vers la montagne sereine. Là-haut, ce n'est plus qu'une plainte, un gémissement qui monte de la plaine où vivent les hommes.

Un jour que, assis sur une cime tranquille, dans le calme des cieux, je voyais un orage se tordre en fureur à la base de la montagne, je ne pus résister à cet appel qui semblait m'arriver du monde des humains. Je descendis pour m'engloutir dans la masse noire des vapeurs tournoyantes ; je plongeai pour ainsi dire au milieu de la foudre, sous la nappe des éclairs, dans les tourbillons de pluie et de grêle. Descendant par un sentier transformé en ruisseau, je bondissais de pierre en pierre. Exalté par la fureur des éléments, par l'éclat du tonnerre, par le ruissellement des eaux, le mugissement des arbres secoués, je courais avec une joie frénétique. Lorsque enfin j'arrivai dans le calme, où je trouvai du feu, du pain, des vêtements secs, toutes les douceurs de la bonne hospitalité du montagnard, je regrettai presque la puissante volupté dont je venais de jouir au dehors. Il me semblait que là-haut, dans la pluie et le vent, j'avais fait partie de l'orage et mêlé pendant quelques heures mon individualité consciente aux éléments aveugles.

## CHAPITRE X

### LES NEIGES

« Blanc, éclatant, neigeux », telle est la signification première de presque tous les noms donnés aux hautes montagnes par les peuples qui se sont succédé à leur base. En levant les yeux vers les sommets, ils aperçoivent, au-dessus des nuages, la blancheur étincelante des neiges et des glaces, et leur admiration est d'autant plus grande que les campagnes inférieures présentent un plus saisissant contraste avec les cimes blanches, par la teinte uniforme et brune de leurs terrains. C'est au plus fort de l'été, quand la poussière brûlante s'élève des chemins et que les voyageurs fatigués s'arrêtent sous les ombrages, c'est alors surtout qu'on aime à porter ses regards vers les masses glacées, qui resplendissent aux rayons solaires comme des plaques d'argent. La nuit, un doux reflet, comme celui d'un monde lointain, révèle les hautes neiges de la montagne.

Les pentes moyennes, les promontoires inférieurs, sont fréquemment recouverts de couches neigeuses. Déjà, vers la fin de l'été, lorsque les torrents ont emporté dans les plaines l'eau fondue des avalanches, que les arbres ont secoué le poids de neige qui faisait plier leurs branches, et que les petites mousses elles-mêmes, en réchauffant l'espace environnant, se sont débarrassées des flocons de neige qui les entouraient, un soudain refroidissement de l'atmosphère transforme en neige les vapeurs des montagnes. La veille, tous les contreforts des monts et les pâturages alpestres étaient complètement dégagés de frimas; on distinguait nettement la couleur brune ou jaunâtre des roches nues, le vert des forêts et des gazons, le rouge des bruyères. Le matin, quand on se réveille, la blanche robe neigeuse a recouvert jusqu'aux promontoires avancés. Toutefois, ce vêtement de neige, ce blanc manteau dont parlent les poètes, est percé, déchiré en mille endroits. Les saillies de la montagne passent au travers de cette enveloppe, et les nuances sombres des roches, contrastant avec la blancheur de la neige, accusent ainsi le relief des escarpements avec plus de netteté. Dans les ravins profonds, les flocons se sont accumulés en couches épaisses; sur les pentes rapides, ils brodent légèrement les fissures comme un mince voile de dentelle; sur les falaises abruptes, ils ne se montrent que çà et là en mouchetures brillantes. Chaque pli de la montagne est signalé de loin sous sa véritable forme par l'éclatante coulée de neige qui l'emplit; chaque roche saillante révèle ses protubérances et ses anfractuosités par les couches neigeuses d'épaisseur diverse, alternant avec la nudité du roc. Là où la roche est formée de strates régulières, la neige trace de la façon la plus nette les lignes de séparation. Elle repose sur les corniches et se détache des parois d'éboulement. A travers les accidents de toute espèce, les saillies et les retraits, on voit les lignes d'assises se continuer avec une étonnante régularité sur des espaces de plusieurs lieues; on dirait des étages superposés par la main de quelque architecte géant

Toutefois, ces neiges passagères d'été, qui enveloppent la montagne comme d'un voile, et qui, loin d'en cacher les formes, les révèlent, au contraire, dans leurs plus petits détails, sont, pour ainsi dire, une coquetterie de la nature. Elles disparaissent bientôt des collines inférieures et des monts avancés; chaque jour les rayons du soleil en font remonter la limite vers les cimes; même par les belles journées, il arrive que, d'heure en heure, on peut suivre du regard les progrès de la fusion. Chacun des ravins qui découpent à mi-hauteur les flancs de la montagne présente un versant déjà débarrassé de neiges, celui qu'éclaire librement le soleil du midi, et un autre versant d'une blancheur éclatante, celui qui se tourne vers l'horizon du nord. Puis cette pente elle-même dégage ses gazons et ses roches; il ne reste plus de la chute estivale des neiges qu'un petit nombre de flaques graduellement rétrécies, traces des avalanches en miniature qui ont rempli les creux des gorges. Ces flaques se mêlent à la terre, aux cailloux, et le ruisseau qui passe en emporte goutte à goutte les débris souillés.

Ces neiges de quelques jours sont charmantes à voir. On aime à en suivre du regard le décor changeant; elles ne se montrent, en effet, que pour disparaître bientôt. Pour contempler les neiges sous leur véritable aspect et les comprendre dans leur travail comme agents de la nature, il faut les voir en hiver dans la dure saison des froids. Alors tout est recouvert de couches énormes d'eau cristallisée en aiguilles et en flocons; la montagne, ses contreforts et les collines de sa base, ne se montrent plus sous leur forme réelle. La masse épaisse qui les cache en oblitère le relief et leur donne de nouveaux contours. Au lieu de saillies, de dentelures, de pointes au profil déchiqueté, le penchant du mont se développe maintenant en ondulations charmantes, en croupes d'un dessin hardi, mais toujours sinueux. De même que l'eau, sous l'influence de la pesanteur, équilibre son niveau pour s'étaler en surface horizontale, de même la neige, obéissant à ses lois propres, se dépose en couches aux renflements arrondis. Le vent, qui l'amène en tournoyant, lui fait d'abord remplir les creux, puis adoucir tous les angles, déployer sa courbe sur toutes les saillies ; à la montagne âpre, déchirée, sauvage, a succédé une autre montagne aux contours purs et adoucis, aux courbes majestueuses. Mais, en dépit de la suave douceur de ses lignes, le géant n'en est pas moins formidable d'aspect. Çà et là, des escarpements, des roches perpendiculaires sur lesquelles la neige n'a pu tenir, se dressent au-dessus des immenses pentes d'une éblouissante blancheur, et, par le contraste, leurs parois paraissent toutes noires. On se sent saisi d'effroi à la vue de ces murailles prodigieuses, tranchant sur la neige comme des falaises de charbon aux bords d'un océan polaire.

Dans cette transformation, les plaines, plus encore que les protubérances de la montagne, ont changé d'aspect. En s'affaissant de toutes parts, les neiges ont rempli les cavités, nivelé les creux, fait disparaître les accidents secondaires du terrain. Les torrents, les cascades, ont été recouverts ; tout est glacé, tout repose sous le linceul immense. Les lacs eux-mêmes sont ensevelis; la glace de leur surface porte d'énormes couches de neige, et souvent on ne sait même plus où se trouve l'emplacement des bassins; peut-être une fissure permet-elle de voir au fond d'un gouffre la surface du lac, tranquille, noire, sans reflets; on dirait un puits, un abîme sans fond.

Au-dessous des grands sommets et des cirques supérieurs, où la neige s'entasse en couches hautes comme les maisons, les forêts de sapins se montrent çà et là, mais à demi seulement. Sur chacune de leurs branches étalées, les arbres portent tout le fardeau de neige qu'ils peuvent soutenir sans rompre; ensemble, les branchages entremêlés forment comme des voûtes sur lesquelles les amas de cristaux neigeux se groupent en coupoles inégales; quelques tiges rebelles seulement échappent à la prison de glace et dardent dans l'air libre leurs flèches d'un vert sombre, presque noires, et portant chacune à son extrémité un lourd paquet de neige. Quand le vent souffle au milieu de ces tiges, il en tombe avec un bruit métallique des fragments de neige glacée; un mouvement général de vibration agite la forêt cachée et le toit brillant qui la recouvre; parfois, une rupture se produit, une avalanche s'écroule à l'intérieur, un gouffre reste béant, jusqu'à ce qu'une nouvelle tourmente l'ait masqué par un pont de neige. Quel serait le sort d'un voyageur s'égarant pendant l'hiver dans une pareille forêt, là où il chemine à l'aise pendant l'été, sur le court gazon, à l'ombre des arbres puissants? A chaque pas, il serait exposé à tomber dans un abîme, étouffé sous la neige écroulée!

En bas, dans la vallée, les maisons du village paraissent plus difficiles à discerner que les forêts et les bouquets d'arbres. Les toits, entièrement recouverts d'une couche de neige sous laquelle fléchissent les charpentes, se confondent avec les champs de neige environnants; seulement, une légère fumée bleuâtre rappelle que, sous ce linceul blanc, des hommes vivent et travaillent. Quelques murailles, un clocher, tranchent sur la monotonie du fond; d'ailleurs, en cet endroit, la neige est plus tourmentée que loin des habitations humaines; le vent, tournoyant autour des demeures, a dressé d'un côté les neiges en monceaux et en barricades ; de l'autre côté, il les a presque entièrement balayées. Un certain désordre dans la nature indique le voisinage de l'homme; mais là, comme ailleurs, la paix est sans bornes; rarement un bruit trouble le silence de mort qui règne sur la vallée et sur les monts.

Pourtant, il faut quelquefois que l'homme et les autres habitants des montagnes sortent de leurs tanières et troublent le grand repos de la nature. Seule, la marmotte, cachée dans son trou, sous l'épaisseur des neiges, peut dormir pendant les longs mois de l'hiver et attendre, dans un état de mort apparente, que le printemps rende la liberté aux ruisseaux, aux gazons et aux fleurs. Moins heureux, le chamois, que la neige chasse des hautes cimes, doit rôder dans le voisinage des forêts, chercher un refuge entre les arbres pressés, en ronger les écorces et les feuillages. L'homme, de son côté, doit quitter sa demeure pour échanger quelques produits, acheter des provisions, remplir des engagements de famille ou d'amitié. Il faut alors déblayer les monceaux de neige qui se sont accumulés devant la porte et se frayer péniblement un sentier. D'un haut chalet bâti sur un promontoire, je vis une fois de ces petits êtres presque imperceptibles, de ces noires fourmis humaines, cheminer lentement dans une sorte d'ornière, entre deux murs de neige. Jamais l'homme ne m'avait paru si infime. Au milieu de la vaste étendue blanche, ces promeneurs semblaient perdus, absurdes, chimériques; je me demandais comment une race composée de pareils pygmées avait pu accomplir les grandes choses de l'histoire et réaliser, de progrès en progrès, ce qui s'appelle aujourd'hui la civilisation, promesse d'un état futur de bien-être et de liberté.

Pourtant, même au milieu de ces neiges formidables de l'hiver, l'homme a pu faire triompher son intelligence et son audace par ces routes commerciales qui lui permettent d'expédier librement ses marchandises et de voyager lui-même presque en tout temps. Le chamois a cessé de parcourir les cimes, et nombre d'oiseaux, qui volaient pendant l'été bien au-dessus des pointes, sont prudemment descendus dans les tièdes régions des plaines.

Mais l'homme continue de parcourir les routes qui, de gorge en gorge, de contrefort en contrefort, s'élèvent jusqu'à une brèche de la crête et redescendent sur l'autre versant. Pendant la belle saison, quand les torrents joyeux bondissent en cascades à côté du chemin, même les voitures traînées par des chevaux aux grelots retentissants peuvent gravir sans peine les rampes établies à grands frais sur les escarpements. Quand les neiges ont recouvert la route, il faut changer les véhicules; les chars et les voitures sont remplacés par des traîneaux qui glissent légèrement sur les flocons entassés. La traversée des monts ne se fait pas moins rapidement que pendant les jours les plus chauds de l'année; à la descente, elle s'accomplit avec une vitesse qui donne le vertige.

C'est en voyageant ainsi en traîneau par-dessus les cols de la montagne qu'on peut apprendre à bien faire connaissance avec les grandes neiges. La charpente légère glisse sans bruit; on ne sent plus les chocs des ferrailles sur le sol résistant, et l'on croirait voyager dans l'espace, emporté comme un esprit. Tantôt on contourne la courbe d'un ravin, tantôt la saillie d'un promontoire ; on passe du fond des gouffres à l'arête des précipices, et, dans toutes ces formes si variées qui se succèdent à la vue, la montagne garde sa blancheur unie. Le soleil éclaire-t-il la surface des neiges, on y voit briller d'innombrables diamants ; le ciel est-il gris et bas, les éléments semblent se confondre. Lambeaux de nuages, monticules neigeux, ne se distinguent plus les uns des autres ; on croirait flotter dans l'espace infini ; on n'appartient plus à la terre.

Et combien plus encore entre-t-on dans la région du rêve, lorsque, après avoir franchi le point culminant du passage, on redescend sur la pente opposée, emporté de tournants en tournants avec une effrayante rapidité ! Au départ de la caravane, lorsque le dernier traîneau s'ébranle, le premier a déjà disparu derrière une saillie du gouffre. On le voit, puis il disparaît de nouveau ; on le revoit, puis il se perd encore. On plonge dans un abîme vertigineux où s'écroulent des amas de neige gros comme des collines. Avalanche soi-même, on glisse par-dessus les avalanches, et l'on voit défiler à côté de soi, comme s'ils étaient emportés par une tempête, les cirques, les ravins, les promontoires ; les sommets eux-mêmes, qui fuient à l'horizon, semblent entraînés dans un tourbillon fantastique, une sorte de galop infernal. Et quand, à la fin de la course effrénée, on arrive à la base de la montagne, dans les plaines déjà dépourvues de neige ou saupoudrées à peine, quand on respire une autre atmosphère et que l'on voit une nature nouvelle sous un autre climat, on se demande si vraiment on n'a pas été le jouet d'une hallucination, si l'on a réellement parcouru les neiges profondes, au-dessus de la région des nuées et des orages.

Mais, pendant les jours de tourmente, la traversée est assez périlleuse pour que le voyageur puisse s'en souvenir, en garder nettement toutes les aventures dans sa mémoire. Le vent soulève incessamment des tourbillons de neige qui cachent la route et en modifient la forme, abaissant les talus et remplissant la voie déjà frayée. Les chevaux, si habiles à poser leur pied sur un terrain solide, ont à traverser parfois des amas de neige molle, encore mouvante ; tandis que l'un d'eux s'enfonce jusqu'au poitrail, un autre se cabre sur un monceau de neige tassée. La tempête qui siffle autour de leurs oreilles, les cristaux neigeux qui leur entrent dans les yeux et dans les naseaux, les jurements brutaux des cochers, les irritent et menacent de les affoler. Le traîneau cahote sur l'étroit chemin, penche tantôt vers la paroi de la montagne, tantôt vers le précipice : car le gouffre est là, on en rase le bord, on le suit au loin en perspectives immenses, comme si, en tombant, on devait descendre jusque dans un autre monde. Le cocher a laissé le fouet, il ne tient plus qu'un couteau dans les mains, prêt à couper les rênes, si les chevaux, éperdus de frayeur ou glissant d'un talus de neige, venaient à rouler tout à coup dans le précipice.

Terrible est la situation du malheureux piéton lorsque, en traversant lentement les neiges, il est tout à coup surpris par une tourmente. D'en bas, les gens des plaines admirent à leur aise le météore. La cime du mont, fouettée par le vent, semble fumer comme un cratère; les innombrables molécules glacées que soulève la tempête s'amassent en nuages qui tourbillonnent au-dessus des sommets. Les arêtes des contours, estompées par ce brouillard de neiges tournoyantes, paraissent moins précises; on croirait les voir flotter dans l'espace; la montagne elle-même semble vaciller sur son énorme base. Et, dans cet immense tournoiement de la tempête qui siffle sur les hautes cimes, que devient le pauvre voyageur? Les aiguilles de glace, lancées contre lui comme des flèches, le frappent au visage et menacent de l'aveugler; elles pénètrent même à travers ses vêtements; enveloppé dans son épais manteau, il a peine à se défendre d'elles. Qu'en faisant un faux pas ou en suivant une fausse trace il quitte un instant le sentier, il est presque inévitablement perdu. Il marche au hasard en tombant de fondrière en fondrière; parfois il s'enfonce à demi dans un trou de neige molle; il reste quelque temps, comme pour attendre la mort, dans la fosse qui vient de s'ouvrir sous lui; puis il se relève en désespéré et recommence sa marche inégale à travers les nuages de cristaux que le vent lui jette à la face. Les rafales éloignent et rapprochent l'horizon tour à tour ; tantôt il ne voit autour de lui que la blanche fumée des flocons qui tourbillonnent, tantôt il distingue à droite ou à gauche une cime tranquille qui se dégage de la nuée et le regarde, « sans haine et sans amour », indifférente à son désespoir ; au moins y voit-il comme une sorte de repère qui lui permet de reprendre la course avec un retour d'espérance. Mais en vain : aveuglé, affolé, raidi par le froid, il finit par perdre la volonté ; il tourne sur place et se démène sans but. Enfin, tombé dans quelque gouffre, il regarde avec stupeur passer les tourbillons de l'orage et se laisse gagner peu à peu par le sommeil, précurseur de la mort. Dans quelques mois, lorsque la neige aura été fondue par la chaleur et déblayée par les avalanches, quelque chien de pâtre retrouvera le cadavre et par ses aboiements effrayés appellera son maître.

Autrefois, les débris humains trouvés dans la montagne devaient reposer à jamais à l'endroit où le pasteur les avait découverts. Des pierres étaient entassées sur le corps, et chaque voyageur était tenu d'ajouter son caillou au monceau grandissant. Maintenant encore, le montagnard qui passe à côté de l'un de ces tombeaux antiques ne manque jamais de ramasser sa pierre pour en grossir le tas. Le mort est depuis longtemps oublié, peut-être même est-il resté toujours inconnu ; mais, de siècle en siècle, le passant ne cesse de lui rendre hommage pour apaiser ses mânes.

# CHAPITRE XI

## L'AVALANCHE

Au long hiver et à ses redoutables tourmentes succède enfin le doux printemps, avec ses pluies, ses vents tièdes, sa chaleur vivifiante. Tout se rajeunit; la montagne, aussi bien que la plaine, prend un aspect nouveau. Elle secoue son manteau de neiges; ses forêts, ses gazons, ses cascades et ses lacs, reparaissent aux rayons du soleil.

Dans la vallée, l'homme s'est débarrassé le premier des amas neigeux qui le gênaient. Il a balayé le seuil de sa porte, réparé ses chemins, dégagé ses toits et son jardinet, puis il attend que le soleil fasse le reste. Déjà les « soulanes », ou pentes bien exposées aux rayons du midi, commencent à se dégager du blanc linceul qui les recouvre; çà et là, le roc, la terre ou le gazon brûlé, reparaissent à travers la couche de neige. Ces espaces noirâtres augmentent peu à peu; ils ressemblent à des groupes d'îles qui grandissent incessamment et finissent par se rejoindre; les plaques blanches diminuent en nombre et en étendue; elles fondent, et l'on dirait qu'elles remontent par degrés la pente de la montagne. Les arbres de la forêt, sortis de leur engourdissement, commencent à faire leur toilette printanière; aidés par les petits oiseaux qui voltigent de branche en branche, ils secouent le fardeau de givre et de neige qu'ils portaient et baignent librement leurs nouvelles pousses dans l'atmosphère attiédie.

Les torrents se raniment aussi. Au-dessous de la couche protectrice des neiges, la température du sol ne s'est point abaissée autant qu'à la surface extérieure, balayée par les vents froids, et, pendant les longs mois de l'hiver, de petits réservoirs d'eau, semblables à des gouttelettes dans un vase de diamant, se maintiennent çà et là sous les glaces. Au printemps, ces vasques, vers lesquelles se dirigent tous les petits filets de neige fondue, ne suffisent plus à renfermer la masse liquide ; les enveloppes glacées se rompent, les bassins débordent, et l'eau cherche à se creuser un chemin sous les neiges. Dans chaque ravin, dans chaque dépression du sol, se fait ce travail caché, et le torrent de la vallée, alimenté par tous ces ruisselets descendus des hauteurs, reprend son cours qu'avait interrompu le froid de l'hiver. D'abord, il passe en tunnel au-dessous des neiges amoncelées ; puis, grâce aux progrès incessants de la fusion, il élargit son lit, exhausse ses voûtes. Le moment vient où la masse qui le domine ne peut plus se soutenir en entier ; elle s'écroule comme le ferait le toit d'un temple dont les piliers sont ébranlés. Des fuites s'ouvrent ainsi dans les amas neigeux qui remplissent le fond des vallées ; quand on se penche au bord de ces gouffres, on distingue au fond quelque chose de noir sur lequel un peu d'écume brode une dentelle fugitive : c'est l'eau du torrent ; le sourd murmure des cailloux entre-froissés jaillit de l'ouverture ténébreuse.

A ce premier effondrement des neiges en

succèdent d'autres, de plus en plus nombreux, et bientôt le torrent, redevenu libre en grande partie, n'a plus qu'à renverser les digues formées par les neiges les plus épaisses et les plus compactes. Quelques-uns de ces remparts résistent à l'action des eaux pendant des semaines et des mois. Même aux abords des cascades, des masses de neige, changées en glace et sans cesse aspergées par l'eau qui se brise, gardent obstinément leur forme ; on dirait qu'elles se refusent à fondre. Souvent on voit, au devant de la cataracte mouvante du torrent, une sorte d'écran formé par une cataracte solidifiée, celle des neiges glacées qui avaient arrêté le cours des eaux pendant l'hiver.

En reformant son lit dans chaque vallée qui longe la base des monts, dans chaque ravin qui raye leurs flancs, l'eau des ruisseaux et des torrents enlève aux neiges des pentes les soubassements qui leur servaient de point d'appui. Sous l'action de la pesanteur, des avalanches tendent alors à se produire, et, de temps en temps, la montagne, comme un être animé, fait tomber de ses épaules le vêtement neigeux qui la recouvre. En toute saison, même au plus fort de l'hiver, des masses de neige, entraînées par leur poids, s'écroulent des sommets et des pentes; mais, tant que ces avalanches se composent seulement de la partie superficielle des neiges, elles sont un léger accident dans la vie des montagnes. Mais, parfois, c'est la masse entière de la neige qui glisse des hauteurs pour aller s'abîmer dans les vallées ; l'eau fondue, qui pénètre à travers les couches encore glacées de la surface, a rendu le sol glissant et préparé ainsi le chemin de l'avalanche. Le moment vient où tout un champ neigeux n'est plus retenu sur la pente; il cède et, par l'énorme ébranlement qu'il communique aux neiges voisines, les fait céder aussi. Toute la masse se précipite à la fois sur le versant de la montagne, poussant devant elle tous les débris qui se trouvent sur son chemin, troncs d'arbres, pierres, quartiers de roches. Entraînant avec lui les nappes d'air voisines, renversant les forêts à distance, le formidable écroulement balaye d'un coup tout un pan de la montagne sur plusieurs centaines de mètres de hauteur, et la vallée se trouve en **partie** comblée. Les torrents qui viennent se **heurter** contre l'obstacle sont obligés de se changer temporairement en lacs.

De ces avalanches en masse, les montagnards et les voyageurs ne parlent qu'avec terreur. Aussi, nombre de vallées, plus exposées que d'autres, ont-elles reçu, dans les patois locaux, des noms sinistres, tels que « Val-de-l'Epouvante » ou « Gorge-du-Tremblement. » J'en connais une, terrible entre toutes, où les muletiers ne s'aventurent jamais sans avoir l'œil fixé sur les hauteurs. Surtout par ces beaux jours de printemps, lorsque l'atmosphère tiède et douce est chargée de vapeurs dissoutes, les voyageurs ont le regard soucieux et la parole brève. Ils savent que l'avalanche attend simplement un choc, un frémissement de l'air ou du sol, pour se mettre en mouvement. Aussi marchent-ils comme des larrons, à pas discrets et rapides; parfois même, ils enveloppent de paille les grelots de leurs mulets, afin que le tintement du métal n'aille pas irriter là-haut le mauvais génie qui les menace. Enfin, quand ils ont passé l'issue des ravins redoutables où les couloirs de la montagne dégagent de plusieurs côtés à la fois leurs avalanches de neiges et de ruines, ils peuvent respirer à leur aise et songer sans anxiété personnelle à leurs devanciers moins heureux, dont la veille ils s'étaient raconté les terribles histoires. Souvent, tandis que les voyageurs continuent tranquillement leur descente vers la plaine, un bruit de tonnerre, un long fracas qui se répercute de roche en roche, les force à se retourner soudain : c'est l'écroulement des neiges qui vient de se produire et de combler tout le fond de la gorge où ils passaient quelques minutes auparavant.

Heureusement, la disposition et la forme des pentes permet aux montagnards de reconnaître les endroits dangereux. Ils ne construisent donc point leurs cabanes au-dessous des versants où se forment les avalanches, et, dans le tracé de leurs sentiers, ils prennent soin de choisir des passages abrités. Mais tout change dans la nature, et telle maisonnette, tel sentier, qui n'avaient jadis rien à craindre, finissent par se trouver exposés au danger;

l'angle d'un promontoire a peut-être disparu, la direction du couloir d'avalanche s'est peut-être modifiée, une lisière protectrice de forêt a cédé sous la pression des neiges, et, par suite, toutes les prévisions du montagnard se trouvent déçues.

Par les mille colonnes pressées de leurs troncs, les bois sont l'une des meilleures barrières contre la marche des avalanches, et nombre de villages n'ont pas d'autre moyen de défense contre les neiges. Aussi de quel respect, de quelle vénération presque religieuse regardent-ils leur bois sacré! L'étranger qui se promène dans leurs montagnes admire cette forêt à cause de la beauté de ses arbres, du contraste de sa verdure avec les neiges blanches; mais eux, ils lui doivent la vie et le repos; c'est grâce à elle qu'ils peuvent s'endormir tranquillement le soir sans craindre d'être engloutis pendant la nuit! Pleins de gratitude envers la forêt protectrice, ils l'ont divinisée. Malheur à qui touche de la cognée l'un de ses troncs sauveurs! « Qui tue l'arbre sacré tue le montagnard, » dit un de leurs proverbes.

Et pourtant, il s'est trouvé de ces meurtriers, et en grand nombre. De même que, de nos jours encore, des soldats soi-disant « civilisés » forcent à la soumission les habitants d'une oasis en abattant les palmiers qui sont la vie de la tribu, de même il est arrivé souvent que, pour réduire des montagnards, les envahisseurs à la solde de quelque seigneur, ou même les pâtres d'une autre vallée, ont coupé les arbres qui servaient aux villages de sauvegarde contre la destruction. Telles étaient, telles sont encore les pratiques de la guerre. Non moins féroce est l'avide spéculation. Lorsque, en vertu de quelque achat ou par les hasards de l'héritage ou de la conquête, un homme d'argent est devenu le propriétaire d'un bois sacré, malheur à ceux dont le sort dépend de sa bienveillance ou de son caprice ! Bientôt les bûcherons sont à l'œuvre dans la forêt, les troncs sont abattus, précipités dans la vallée, débités en planches et payés en beaux écus sonnants. Un large chemin se trouve ainsi frayé aux avalanches. Privés de leur rempart, peut-être les habitants du village menacé persistent à y rester par amour du foyer natal ; mais, tôt ou tard, le péril devient imminent, il faut émigrer en toute hâte, emporter les objets précieux et laisser la maison en proie aux neiges suspendues.

Dans chaque village des monts, on se raconte aux veillées la terrible chronique des avalanches, et les enfants écoutent en se blottissant contre les genoux des mères. Ce que le feu grisou est pour le mineur, l'avalanche l'est pour le montagnard. Elle menace son chalet, ses granges, ses bestiaux ; elle peut l'engloutir lui-même. Que de parents, que d'amis il a connus, qui dorment maintenant sous les neiges ! Le soir, quand il passe à côté de l'endroit où la masse énorme les a engouffrés, il lui semble que la montagne d'où s'est détachée l'avalanche le regarde méchamment, et il double le pas pour s'éloigner du lieu sinistre. Quelquefois aussi, les débris de l'écroulement lui rappellent la délivrance inespérée d'un camarade. Là, pendant une nuit de printemps, s'abattit un talus de neige plus haut que les grands sapins et que la tour du village. Un groupe de chalets et de granges se trouvait sous la formidable masse. Sans doute, pensaient les montagnards accourus des hameaux voisins, sans doute toutes les charpentes ont été démolies et les habitants sont restés écrasés sous les débris! Néanmoins, ils se mettent courageusement à l'ouvrage pour déblayer l'énorme monceau. Ils travaillent pendant quatre nuits et quatre jours, et, quand leurs pioches atteignent enfin le toit du premier chalet, ils entendent des chants qui s'entre-répondent. Ce sont les voix des amis que l'on avait crus perdus. Leurs demeures avaient résisté à la violence du choc, et l'air qu'elles contenaient avait heureusement suffi. Pendant leur emprisonnement, ils avaient passé leur temps à établir des communications de maison à maison et à creuser un tunnel de sortie; ils chantaient en même temps pour s'encourager au travail.

Les forêts protectrices ont-elles disparu, il est bien difficile de les remplacer. Les arbres poussent lentement, surtout sur les montagnes; dans les couloirs d'avalanche, ils ne poussent pas du tout. Il est vrai qu'à force de travaux on pourrait fixer les neiges sur les hautes pentes et prévenir ainsi le désastre de leur effondrement dans les vallées; on pourrait tailler la pente en gradins horizontaux où les couches de neige seraient forcées de séjourner comme sur les marches d'un gigantesque escalier; on pourrait aussi remplacer les troncs d'arbres par des rangées de pieux en fer et par des palissades qui empêcheraient le glissement des masses supérieures. Déjà ces tentatives ont été faites avec succès, mais seulement en des vallées qu'habitent des populations riches et nombreuses. De pauvres villageois, à moins qu'ils ne soient aidés par la société tout entière, ne sauraient songer à sculpter, pour ainsi dire à nouveau, le relief de la montagne, et les avalanches continuent de descendre sur leurs prairies par les couloirs accoutumés. Ils doivent se borner à protéger leurs maisonnettes par d'énormes éperons de pierre qui rompent la force des neiges écroulées et les divisent en deux courants, quand ces neiges ne descendent pas en masses assez puissantes pour tout démolir d'un choc.

De tous les destructeurs de la montagne, l'avalanche est le plus énergique. Terres et fragments rocheux, elle entraîne tout comme le ferait un torrent débordé ; bien plus, par la fusion graduelle des neiges qui en formaient la couche inférieure, elle délaye tellement le sol que celui-ci se change en une boue molle, lézardée de profondes crevasses et s'affaissant sous son propre poids. Jusqu'à de grandes profondeurs, la terre est devenue fluide ; elle coule le long des pentes, entraînant avec elle les sentiers, les quartiers de roc épars et jusqu'aux forêts et aux maisons. Des pans entiers de montagne, détrempés par les neiges, ont ainsi glissé en bloc avec leurs champs, leurs pâturages, leurs bois et leurs habitants. Par leur entassement et la lente pénétration de leur eau de fusion dans le sol, les flocons de neige suffisent donc à démolir peu à peu les montagnes. Au printemps, chaque ravin montre clairement ce travail de destruction ; à la fois cascades, éboulis, avalanches, les neiges, les roches et les eaux confondues descendent des sommets et s'acheminent vers la plaine.

# CHAPITRE XII

## LE GLACIER

Même au milieu de l'été, lorsque toutes les neiges se sont fondues au souffle des vents chauds, d'énormes amas de glace, renfermés dans les hautes vallées, font encore un hiver local rendu plus bizarre par le contraste. Quand le soleil brille de tout son éclat, la chaleur directe et celle que renvoient les glaces se font sentir lourdement au voyageur; il fait même en apparence plus chaud que dans les vallées, à cause de la sécheresse de l'air, incessamment privé de son humidité par l'avide surface du glacier. Dans le voisinage, on entend chanter les oiseaux sous le feuillage; des fleurs émaillent le gazon, des fruits mûrissent sous les feuilles de myrtille. Et pourtant, à côté de ce monde joyeux, voici le morne glacier, avec ses crevasses béantes, ses amas de pierres, son terrible silence, son apparente immobilité. C'est la mort à côté de la vie.

Néanmoins, la grande masse glacée a aussi son mouvement; avec lenteur, mais avec une force invincible, elle travaille, comme le vent, les neiges, les pluies, les eaux courantes, à renouveler la surface de la planète; partout où les glaciers ont passé pendant un des âges de la terre, l'aspect du pays est transformé par leur action. Comme les avalanches, ils emportent dans les plaines les déblais des montagnes croulantes, sans violence, par un patient effort de tous les instants.

L'œuvre du glacier, si difficile à saisir dans sa marche secrète, quoique si vaste dans ses résultats, commence dès le sommet de la montagne, à la surface des couches neigeuses. Là-haut, dans les cirques où se sont amassés en tourbillons les nuages d'aiguilles blanches fouettées de la tempête, l'uniforme étendue des névés ne change point d'aspect. D'année en année et de siècle en siècle, c'est toujours la même blancheur, mate à l'ombre des nuages, éblouissante sous les rayons du soleil. Il semble que la neige y soit éternelle, et c'est même ainsi que la désignent les habitants des plaines qui, d'en bas, la voient briller à côté du ciel. Ils croient qu'elle reste à jamais sur les hautes cimes et que, si le vent la soulève dans ses tourmentes, il la laisse toujours retomber à la même place.

Il n'en est rien. Une partie de la neige s'évapore et retourne aux nuages d'où elle est descendue. Une autre partie du névé, exposée aux rayons du soleil ou à l'influence d'un vent chaud du midi, se parsème de gouttelettes fondues qui glissent à la surface ou pénètrent dans les couches jusqu'à ce que, saisies de nouveau par le froid, elles se congèlent en d'imperceptibles gemmes. Ainsi, par des millions de molécules qui fondent, puis se regèlent pour se refondre encore et redevenir solides, la masse du névé se transforme insensiblement; en même temps, elle se déplace, grâce à la pesanteur qui entraîne de quelques millimètres les gouttes fondues, et peu à peu, les neiges tombées jadis sur le sommet de la montagne se trouvent en avoir descendu les pentes. D'autres neiges ont pris leur place et s'écouleront aussi par une série de fusions, sans que pourtant elles aient à subir le moindre changement apparent. Il est vrai qu'elles ont devant elles l'infini des âges; c'est avec lenteur qu'elles se hâtent vers la mer, où elles doivent aller s'engloutir un jour. Lorsque déjà deux générations d'hommes se sont succédé dans les plaines inférieures, tel flocon de neige tombé sur une haute cime n'est pas encore sorti de la masse du névé.

Mais, si lent qu'il soit, ce flocon changé en cristal n'en avance pas moins. La masse de névé, devenue plus homogène et déjà transformée en glace, s'engage dans la gorge de la montagne où l'entraîne son poids. Toujours immobile en apparence, l'amas de glace est maintenant devenu un véritable fleuve coulant dans un lit de rochers. A droite et à gauche, sur les pentes, la neige d'hiver est complètement fondue, et des herbes fleuries l'ont remplacée. Tout un monde d'insectes vit et bourdonne dans les gazons des pâturages; l'air est doux, et l'homme conduit ses troupeaux sur des escarpements herbeux d'où le regard descend au loin sur le courant glacé. Et celui-ci, d'un incessant effort, continue toujours son voyage vers la plaine; il s'épancherait jusque dans les campagnes unies de la base des monts, il atteindrait la mer elle-même, si la douce température des vallées inférieures, la tiédeur des vents, les rayons du soleil, ne parvenaient à fondre ses glaces avancées.

Dans son cours, le fleuve solide se comporte comme le ferait une vraie rivière d'eau vive. Il a aussi ses méandres et ses remous, ses maigres et ses crues, ses « dormants », ses rapides et ses cataractes. Comme l'eau qui s'étale ou se rétrécit suivant la forme de son lit, la glace s'adapte aux dimensions du ravin qui l'enferme; elle sait se mouler exactement sur la roche, aussi bien dans le vaste bassin où les parois s'écartent de part et d'autre, que dans le défilé où le passage se ferme presque entièrement. Poussé par les masses dont l'alimente incessamment le névé supérieur, le glacier continue toujours de glisser sur le fond, que la pente en soit presque insensible ou bien qu'il forme une succession de précipices.

Toutefois, la glace, n'ayant pas la souplesse, la fluidité de l'eau, accomplit avec une sorte de gaucherie barbare tous les mouvements que lui impose la nature du sol. A ses cataractes, elle ne sait point plonger en une nappe unie comme le courant d'eau ; mais, suivant les inégalités du fond et la cohésion des cristaux de glace, elle se brise, se fendille, se découpe en blocs qui s'inclinent diversement, s'écroulent les uns sur les autres, se ressoudent en obélisques bizarres, en tourelles, en groupes fantastiques. Même là où le fond de l'immense rainure est assez régulièrement incliné, la surface du glacier ne ressemble point à la nappe égale des eaux d'un fleuve. Le frottement de la glace contre ses bords ne la ride pas de vaguelettes semblables à celles de l'onde sur le rivage, mais il la brise et la rebrise en crevasses qui s'entre-croisent en un dédale de gouffres.

En hiver, et même lorsque le printemps a déjà renouvelé la parure des campagnes inférieures, un grand nombre de crevasses sont masquées par d'épaisses masses de neige qui s'étendent en couches continues à la surface du glacier; alors, si la neige grenue n'a pas été amollie par la chaleur du soleil, il est facile de cheminer par-dessus la gueule de ces abîmes cachés; le voyageur peut les ignorer comme il ignore les grottes ouvertes dans l'épaisseur des montagnes. Mais le retour annuel de la saison d'été fond peu à peu les neiges superficielles. Le glacier, qui marche sans cesse et dont la masse fendillée vibre d'un continuel frisson, secoue le manteau neigeux qui le recouvre; çà et là les voûtes s'effondrent et par gros fragments s'abîment dans les profondeurs des crevasses; souvent il n'en reste que des ponts étroits sur lesquels on ne s'aventure qu'après avoir éprouvé du pied la solidité de la neige.

C'est alors que maint glacier devient dangereux à traverser, à cause de la largeur de ses fentes qui se ramifient à l'infini. Des bords du gouffre, on voit parfois, dans l'intérieur, des couches superposées de glace bleuâtre qui furent jadis des neiges et que séparent des bandes noirâtres, restes de débris tombés sur le névé; d'autres fois, la glace, claire et homogène dans toute sa masse, semble n'être qu'un seul cristal.

Quelle est la profondeur du puits? On ne sait. Une saillie de la glace et les ténèbres empêchent le regard de descendre jusqu'aux roches du fond ; seulement, on entend quelquefois des bruits mystérieux qui s'élèvent de l'abîme : c'est de l'eau qui ruisselle, une pierre qui se détache, un morceau de glace qui se fendille et s'écroule.

Des explorateurs sont descendus dans ces gouffres pour en mesurer l'épaisseur et pour étudier la température et la composition des glaces profondes. Quelquefois ils ont pu le faire sans trop de danger, en pénétrant latéralement dans les fentes par les saillies des rochers qui servent de berge aux fleuves de glace. Souvent aussi, il leur a fallu se faire descendre au moyen de cordes, comme le mineur qui pénètre au sein de la terre. Mais, pour un savant qui, tout en prenant les précautions nécessaires, explore ainsi les puits des glaciers, combien de malheureux pâtres s'y sont engouffrés et y ont trouvé la mort! On connaît pourtant des montagnards qui, tombés au fond de ces crevasses, meurtris, saignants, perdus dans les ténèbres, ont gardé leur courage et la résolution de revoir le jour. Il en est un qui suivit le cours d'un ruisseau sous-glaciaire et fit ainsi un véritable voyage au-dessous de l'énorme voûte aux glaçons croulants. Après une pareille excursion, il ne reste plus à l'homme qu'à descendre dans le gouffre d'un cratère pour explorer le réservoir souterrain des laves!

Certes il faut louer grandement le savant courageux qui descend dans les profondeurs du glacier pour en étudier les stries, les bulles d'air, les cristaux : mais que de choses nous pouvons déjà contempler à la surface, que de charmants détails il nous est permis de surprendre, que de lois se révèlent à nos yeux, si nous savons regarder!

En effet, dans ce chaos apparent, tout se régit par des lois. Pourquoi, vis-à-vis de tel point de la berge, une fente se produit-elle toujours dans la masse glacée? Pourquoi, à une certaine distance au-dessous, la crevasse, qui s'est graduellement élargie, rapproche-t-elle de nouveau ses bords et le glacier se ressoude-t-il ? Pourquoi la surface se bombe-t-elle régulièrement sur un point pour se crevasser ailleurs ? En voyant tous ces phénomènes qui reproduisent grossièrement les rides, les vaguelettes, les remous ou les nappes unies de l'eau des fleuves, on comprend mieux l'unité qui, sous l'infinie diversité des aspects, préside à toutes les choses de la nature.

Quand on s'est fait l'intime du glacier par de longues explorations et que l'on sait se rendre compte de tous les petits changements qui s'accomplissent à sa surface, c'est une joie, un délice de le parcourir par un beau jour d'été. La chaleur du soleil lui a rendu le mouvement et la voix. Des veinules d'eau, presque imperceptibles d'abord, se forment çà et là, puis s'unissent en ruisselets scintillants qui serpentent au fond de lits fluviaux en miniature qu'ils viennent de se creuser eux-mêmes, et disparaissent tout à coup dans une fente de la glace en faisant entendre une petite plainte à la voix argentine. Ils se gonflent ou s'abaissent, suivant toutes les oscillations de la température. Qu'un nuage passe sur le soleil, refroidisse l'atmosphère, ils ne coulent plus qu'à grand'peine ; que la chaleur devienne plus forte, les ruisseaux superficiels prennent des allures de torrents ; ils entraînent avec eux des sables et des cailloux pour les déposer en alluvions, en former des berges et des îles ; puis, vers le soir, ils se calmeront, et bientôt le froid de la nuit les congèlera de nouveau.

Sous les rayons de chaleur qui animent temporairement le champ du glacier par la fusion de la couche superficielle, le petit monde des cailloux tombés des parois voisines s'agite aussi. Un talus de gravier, situé au bord d'un filet d'eau murmurant, s'effondre par des écroulements partiels et plonge dans les crevasses. Ailleurs, des pierrailles noires sont éparses sur le glacier ; elles absorbent, concentrent la chaleur et, trouvant la glace au-dessous d'elles, la criblent de petits trous cylindriques. Plus loin, au contraire, de vastes amas de débris et de grosses pierres empêchent la chaleur du soleil de pénétrer au-dessous ; tout autour, la glace se fond et s'évapore ; ces pierres arrivent ainsi à former des piliers qui semblent grandir, jaillir du sol comme des colonnes de marbre ; mais chacune d'elles, trop faible à la fin, se rompt sous le poids, et tous les fragments qu'elle portait s'écroulent avec fracas, pour recommencer le lendemain une évolution semblable. Combien plus charmants encore sont tous ces petits drames de la nature inanimée, quand animaux ou plantes viennent s'y mêler ! Attiré par la tiédeur de l'air, le papillon arrive en voletant, tandis que la plante, tombée avec les éboulis du haut des rochers voisins, utilise son court répit de vie pour reprendre racine et déployer au soleil sa dernière corolle. Sur les côtes polaires, des navigateurs ont vu tout un tapis de végétation recouvrir une haute falaise, de terre par le sommet, de glace par la base.

# CHAPITRE XIII

## LA MORAINE ET LE TORRENT

Tous ces petits phénomènes qui s'accomplissent chaque jour semblent peu de chose dans l'histoire de la terre. Qu'est-ce, en effet, que le travail du glacier pendant un jour d'été? Sa masse, avançant d'un incessant effort, a progressé de quelques centimètres à peine; deux ou trois rochers se sont détachés des parois pour tomber sur le champ mouvant des glaces; le ruisseau qui emporte les eaux de fusion s'est étalé plus largement, et dans son lit, les cailloux, plus nombreux, se sont entre-choqués avec plus de fracas. Autrement, tout a gardé l'apparence accoutumée. Nulle part, semble-t-il, la nature n'est plus lente dans son œuvre de renouvellement perpétuel.

Et pourtant, ces petites transformations de chaque jour, de chaque minute, finissent par amener d'immenses changements dans l'aspect de la terre, de véritables révolutions géologiques. Ces cailloux, ces fragments de roches qui tombent des escarpements supérieurs sur le lit de glace, s'entassent peu à peu à la base des parois en d'énormes remparts de pierres ; ils cheminent lentement avec la masse glacée qui les porte ; mais d'autres débris, éboulés des mêmes couloirs de la montagne, les remplacent à l'endroit qu'ils ont quitté. Ainsi de longs convois de roches, entassées en désordre, accompagnent le glacier dans sa marche ; au fleuve de glace s'ajoutent des fleuves de pierres descendant de chaque promontoire en ruines, de chaque cirque raviné par les avalanches.

Arrivé à l'issue des hautes gorges dans une zone de température plus douce, le glacier ne peut plus se maintenir à l'état cristallin ; il se fond en eau et laisse tomber son fardeau de pierres. Tous ces débris s'écroulent en un immense chaos formant barrage dans la vallée ; à l'extrémité de maint glacier, ce sont de véritables montagnes de pierres croulantes aux talus mal affermis. Qu'après une longue série d'années neigeuses, la masse du glacier se gonfle et s'allonge, il faut qu'elle reprenne ces montagnes de pierres et qu'elle les pousse un peu plus loin dans la vallée. Lorsque, plus tard, sous l'influence d'une température plus douce, d'hivers moins abondants en neiges, le glacier se fondra dans toute sa partie inférieure en laissant à vide la cuvette de rochers qui lui servait de lit, la « moraine » de blocs, délivrée de la pression qui la poussait en avant, restera isolée à une certaine distance du glacier; derrière elle se montrera la pierre nue, polie, rabotée par le poids énorme qui s'y mouvait naguère, et recouverte çà et là de la boue rougeâtre produite par l'écrasement des cailloux et des graviers entraînés. Une autre moraine de débris entassés se formera peu à peu devant le talus du glacier.

Eh bien ! à des distances énormes en avant de la vallée, à des lieues et même à des dizaines de lieues, on remarque des traces indiscutables de l'ancienne action des glaces. Des plaines entières, jadis remplies d'eau, ont été graduellement comblées par les boues et les cailloux que le glacier poussait devant lui ; les saillies des montagnes et des collines qui se trouvaient sur le chemin du fleuve solide ont été érodées et polies ; enfin, des roches éparses et des moraines ont été déposées au loin, jusque sur les pentes de montagnes appartenant à d'autres massifs. On reconnaît facilement l'origine de ces pierres à leur composition chimique, à l'arrangement de leurs cristaux ou à leurs fossiles ; souvent même les caractères distinctifs ont une telle précision que l'on peut signaler, sur la montagne elle-même, le cirque élevé d'où s'est détaché le bloc errant. Combien d'années ou de siècles a duré le voyage ? Bien longtemps sans doute, si l'on en juge par les grosses roches que transportent les glaciers actuels, et dont la marche a été mesurée. Parmi ces blocs voyageurs, il en est que des savants ont rendus célèbres par leurs observations et que l'on aime à revoir comme des amis.

Ces pierres échouées dans les plaines, ces amas de boue transportés au loin, toutes ces traces laissées par le séjour des anciens glaciers, nous permettent d'imaginer quelles ont été les grandes alternatives du climat et les immenses modifications du relief et de l'aspect terrestres pendant les âges successifs de la planète. Dans le passé que nous révèlent ces débris, nous voyons notre montagne et ses voisines se dresser bien au-dessus de leurs sommets actuels; les pointes suprêmes dépassaient les nuages les plus élevés, et toutes les vapeurs qui voyageaient dans l'espace venaient se déposer en neiges ou en cristaux glacés sur les pentes de l'énorme massif; les cirques de pâturages, les vallons verdoyants, les versants aujourd'hui boisés, étaient recouverts par l'uniforme couche des glaces; dans la vallée, cascades et lacs, ruisseaux et prairies, rien ne paraissait encore; l'immense fleuve glacé, non moins épais que le sont maintenant les assises des monts, emplissait toutes les dépressions, puis, à son issue des gorges, allait s'étaler au loin dans les plaines par-dessus collines et vallons. Telle était, du temps de nos aïeux, l'image que leur présentait le mont chargé de glaces; pour les arrière-petits-fils de nos fils, dans le lointain indéfini des siècles, le tableau sera changé. Peut-être le glacier, alors complètement fondu, sera-t-il remplacé par un faible ruisseau ; la montagne elle-même aura cessé d'exister ; un léger exhaussement du sol en marquera la place, et la plaine actuelle, toute bouleversée par les changements de niveau, aura donné le jour à des hauteurs qui croîtront graduellement dans le ciel !

Et tandis que nous pensons à l'histoire de la montagne et de son glacier, à ce qu'ils furent et à ce qu'ils deviendront un jour, voilà le petit torrent qui sort en gazouillant des glaces et qui va de par le monde travailler à l'œuvre du renouvellement continuel de la terre ! L'eau, rendue blanchâtre ou laiteuse par les innombrables molécules de roche triturée qu'elle porte en suspension, n'est autre chose que le glacier lui-même transformé soudain à l'état liquide. Et quel contraste, pourtant, entre la masse solide avec ses crevasses, ses grottes, ses entassements de pierres, ses pentes boueuses, et l'eau qui jaillit gaiement à la lumière et serpente en babillant parmi les fleurs ! C'est un des spectacles les plus curieux de la montagne, que cette brusque apparition du ruisseau qui, pendant tout son cours supérieur, a cheminé dans l'ombre en se gonflant des millions de gouttelettes tombées des fentes de la voûte. La caverne d'où s'échappe le courant change de forme tous les jours, suivant les écroulements et la fonte des glaces; d'ordinaire, pourtant, il est facile de pénétrer à une certaine distance dans la grotte et d'en admirer les pendentifs, les parois translucides, la lumière bleuâtre, les reflets changeants. L'étrangeté du spectacle, le vague, l'appréhension dont le cœur est saisi, font que l'on se croirait transporté dans un lieu sacré. « Trois fois et mille fois bénis » se croient les pèlerins hindous qui, après avoir remonté le Gange jusqu'à sa source, osent encore pénétrer sous la voûte ténébreuse d'où s'élance la sainte rivière !

C'est avec une grande régularité, dépendante de celle des saisons, que les torrents glaciaires apportent dans les plaines l'eau fécondante et les boues alluviales, provenant de cette énorme officine de trituration qui fonctionne incessamment sous le glacier. Pendant la saison froide de nos zones tempérées, quand les pluies tombent le plus fréquemment dans les campagnes, et qu'au lieu de s'évaporer elles trouvent leur chemin vers les rivières, alors le glacier se gèle plus étroitement, il adhère partout à la voûte qui lui sert de lit, et ne laisse plus sortir qu'un faible courant; quelquefois même il tarit en entier; pas une goutte d'eau ne descend de la montagne. Mais, à mesure que la chaleur revient et que la végétation joyeuse demande pour ses feuilles et ses fleurs une plus grande quantité d'eau, à mesure que l'évaporation devient plus active et que le niveau des rivières tend à s'abaisser, les torrents des glaciers se gonflent, ils se changent temporairement en fleuves et fournissent l'humidité nécessaire aux champs altérés. Il s'établit ainsi une compensation des plus utiles pour la prospérité des contrées qu'arrosent des cours d'eau partiellement alimentés par les glaciers. Quand les affluents, gonflés par la pluie, coulent en surabondance, les torrents de la montagne n'apportent qu'un mince flot liquide; ils débordent, au contraire, quand les autres rivières sont presque à sec; grâce à ce phénomène de balancement, une certaine égalité se maintient dans le fleuve où viennent s'unir les divers cours d'eau.

Dans l'économie générale de la terre, le glacier, immobile en apparence, toujours si lent et calme dans sa force, est un grand élément de régularisation. Rarement il introduit quelque désordre imprévu dans la nature. C'est là ce qui peut arriver, par exemple, lorsqu'un glacier latéral, poussant un large rempart de débris ou s'avançant lui-même au travers d'un ruisseau sorti du glacier primaire, en accumule les eaux et forme ainsi un lac sans cesse grandissant. Pendant longtemps, la digue résiste à la pression de la masse liquide ; mais, à la suite d'une fonte considérable des neiges, d'un recul du glacier de barrage ou de déblais lentement opérés par les eaux, il se peut que la barrière de glaces et de blocs amoncelés cède tout à coup. Alors le lac s'effondre en une terrible avalanche ; l'eau, mêlée aux pierres, aux blocs de glace et à tous les débris arrachés à ses rives, se précipite avec rage dans la vallée inférieure ; elle enlève les ponts, détruit les moulins, rase les maisons de ses rivages, entraîne les arbres des pentes basses, et, déchaussant les prairies elles-mêmes, comme le ferait un immense soc de charrue, les roule devant elle et les mêle au chaos de son déluge. Pour les vallées que parcourt l'inondation, le désastre est immense, et le récit s'en transmet de génération en génération.

Mais ce sont là des événements bien rares et qui deviennent même impossibles pour l'avenir dans les pays civilisés, parce que les populations menacées ont soin de prévenir le danger en creusant des souterrains de dégagement aux réservoirs lacustres qui se forment derrière une digue mouvante de glaces ou de pierres. Ainsi réprimé dans ses écarts, le glacier reste le bienfaiteur des régions situées sur le cours de ses eaux. C'est lui qui les arrose dans la saison où elles auraient le plus à craindre les effets de la sécheresse, lui qui les renouvelle par des apports de terre végétale toute fraîche encore et avec tous ses éléments de nutrition chimique. Le glacier est en réalité un lac, une mer d'eau douce d'une contenance de milliards de mètres cubes; mais ce lac, suspendu aux flancs des monts, s'épanche lentement et comme avec mesure. Il renferme assez d'eau pour inonder toutes les campagnes inférieures, mais il répartit discrètement ses trésors. Cette masse glacée, présentant l'aspect de la mort, contribue ainsi d'autant mieux à la vie et à la fécondité de la terre.

# CHAPITRE XIV

## LES FORÊTS ET LES PATURAGES

Par ses neiges et ses glaces fondantes, qui servent à gonfler les torrents et les fleuves pendant l'été, la montagne entretient la végétation jusqu'à d'énormes distances de sa base, mais elle garde assez d'humidité pour nourrir sa propre flore de forêts, de gazons et de mousse, bien supérieure, par le nombre de ses espèces, à la flore d'une même étendue des plaines. D'en bas, le regard ne peut observer les détails du tableau que présente la verdure de la montagne, mais il en embrasse le magnifique ensemble et jouit des mille contrastes que la hauteur, les accidents du sol, l'inclinaison des pentes, l'abondance de l'eau, le voisinage des neiges et toutes les autres conditions physiques produisent dans la végétation.

Au printemps, quand tout renaît dans la nature, c'est une joie de voir le vert des herbes et du feuillage reprendre le dessus sur la blancheur des neiges. Les tiges du gazon, qui peuvent respirer de nouveau et revoir la lumière, perdent leur teinte rousse et leur aspect calciné; elles deviennent d'abord d'un jaune blanchâtre, puis d'un beau vert. Des fleurs en multitudes diaprent les prairies : ici, ce ne sont que des renoncules, ailleurs que des anémones ou des primevères jaillissant en bouquets; plus loin, la verdure disparaît sous le blanc neigeux du gracieux narcisse des poètes ou sous le lilas du crocus, dont l'être tout entier n'est que fleur, de la racine au bord de la corolle; près des cours d'eau, la parnassie ouvre sa fleur délicate; çà et là les petites fleurs blanches ou azurées, roses ou jaunes, se pressent en si grandes foules, qu'elles donnent leur couleur à toute la pente herbeuse et que, des versants opposés, on peut déjà reconnaître l'espèce de plante qui domine dans la prairie, à mesure que la neige recule vers les hauteurs devant le tapis de verdure fleurissante. Bientôt aussi les arbres se mettent de la fête. En bas, sur les premières pentes, ce sont les arbres fruitiers qui, peu de semaines après s'être débarrassés de la neige de l'hiver, se recouvrent d'une autre neige, celle de leurs fleurs. Plus haut, les châtaigniers, les hêtres, les arbustes divers, se couvrent de leurs feuilles d'un vert tendre ; du jour au lendemain, on dirait que la montagne s'est revêtue d'un tissu merveilleux où le velours s'est mêlé à la soie. Peu à peu, cette jeune verdure des forêts et des broussailles s'avance vers le sommet; elle monte comme à l'escalade dans les vallons et les ravins pour conquérir les escarpements suprêmes entre les glaciers. Là-haut, tout prend un aspect inattendu de joie. Même les sombres rochers, qui semblaient noirs par leur contraste avec les neiges, ornent leurs anfractuosités de petites touffes de verdure. Eux aussi prennent part à la gaieté du printemps.

Moins somptueux par l'exubérance de leur verdure et la multitude prodigieuse de leurs fleurs, les hauts pâturages sont pourtant plus aimables que les prairies d'en bas; leurs pelouses sont d'une gaieté plus douce et plus intime. On s'y promène sans effort sur l'herbe courte et l'on y fait plus aisément connaissance avec les fleurs qui jaillissent par myriades des touffes de verdure. Là, du reste, l'éclat des corolles est incomparable. Le soleil y darde des rayons plus brûlants, d'une action chimique plus puissante et plus rapide; il élabore dans la sève des substances colorantes d'une beauté plus parfaite. Armés de leurs loupes, le botaniste, le physicien, constatent dûment le phénomène; mais, sans leurs instruments, le simple promeneur reconnaît bien à l'œil nu que le bleu de nulle fleur de la plaine n'égale l'azur profond de la petite gentiane. Pressées de vivre et de jouir, les plantes se font plus belles; elles s'ornent de couleurs plus vives, car la saison de la joie sera courte; après l'été qui s'enfuit, la mort les surprendra.

Le regard est ébloui de l'éclat que présentent les larges plaques de gazon parsemées des étoiles d'un rose vif du silène, des grappes bleues du myosotis, des larges fleurs au cœur d'or de l'aster des Alpes. Sur les pentes plus sèches, au milieu des roches arides, croissent l'orchis noire au parfum de vanille et le « pied de lion », dont la fleur ne se fane jamais et reste un symbole de constance éternelle.

Parmi ces herbes aux fleurs éclatantes, il en est que n'effraye nullement le voisinage de la neige et de l'eau glacée. Elles ne sont point frileuses; tout à côté des cristaux du névé, le flux de la sève circule librement dans les tissus de la délicate soldanelle, qui penche au-dessus de la neige sa corolle d'une nuance si tendre et si pure; quand le soleil brille, on peut dire d'elle, mieux que du palmier des oasis, qu'elle a son pied dans la glace et sa tête dans le feu. A la sortie même des neiges, le torrent, dont l'eau laiteuse semble être de la glace à peine fondue, entoure de ses bras un îlot fleuri, bouquet charmant aux tiges sans cesse frissonnantes. Plus loin, le lit de neige que l'ombre du rocher a défendu contre les rayons du soleil est tout diapré de fleurs; la douce température qu'elles répandent a fondu la neige autour d'elles; on dirait qu'elles jaillissent d'une coupe de cristal au fond bleu par l'ombre. D'autres fleurs, plus sensibles, n'osent point subir le contact immédiat de la neige ; mais elles prennent soin de s'entourer d'un moelleux fourreau de mousse. Tel est le petit œillet rouge des sommets neigeux ; on dirait un rubis posé sur un coussin de velours vert au milieu d'une couche de duvet blanc.

Sur les pentes de la montagne, les forêts alternent avec les surfaces gazonnées, mais non pas au hasard. La présence de grands arbres indique toujours, sur le versant qui les produit, une terre végétale assez épaisse et de l'eau d'arrosement en abondance : ainsi, grâce à la distribution des forêts et des pâturages, on peut lire de loin quelques-uns des secrets de la montagne, pourvu, du moins, que l'homme ne soit pas intervenu brutalement en abattant les arbres et en modifiant l'aspect du mont. Il est des régions entières où l'homme, âpre à s'enrichir, a coupé tous les arbres ; il n'en reste plus même une souche, car les neiges de l'hiver, que n'arrête plus la barrière vivante, glissent désormais librement au temps des avalanches ; elles dénudent le sol, le rabotent jusqu'au rocher, emportant avec elles tous les débris de racines.

L'antique vénération a presque disparu. Jadis, le bûcheron n'abordait qu'avec effroi la forêt de la montagne ; le vent qu'il y entendait gémir était pour lui la voix des dieux ; des êtres surnaturels étaient cachés sous l'écorce, et la sève de l'arbre était en même temps un sang divin. Quand il leur fallait approcher la cognée d'un de ces troncs, ils ne le faisaient qu'en tremblant. « Si tu es un dieu, si tu es une déesse, disait le montagnard des Apennins, si tu es un dieu, pardonne ; » et il récitait dévotement les prières commandées ; mais, après ses génuflexions, était-il bien rassuré, pourtant ?

En brandissant la hache, il voyait les branches s'agiter au-dessus de sa tête ; les rugosités de l'écorce semblaient prendre une expression de colère, s'animer d'un regard terrible ; au premier coup, le bois humide apparaissait comme la chair rosée des nymphes. « Le prêtre a permis sans doute, mais que dira la divinité même? La hache ne va telle pas rebondir tout à coup et s'enfoncer dans le corps de celui qui la manie? »

Il est, même de nos jours, des arbres adorés ; le montagnard ne sait trop pourquoi et n'aime pas qu'on l'interroge à cet égard ; mais, encore en maints endroits, on voit des chênes respectés que les indigènes ont entourés de barrières pour les protéger contre les animaux et les voyageurs errants. Dans la vieille Bretagne, lorsqu'un homme était en danger de mort et qu'un prêtre ne se trouvait pas dans le voisinage, on pouvait se confesser au pied d'un arbre ; les rameaux entendaient, et leur bruissement portait au ciel la dernière prière du mourant.

Toutefois, si quelque vieux tronc est respecté çà et là par souvenir des anciens temps, la forêt elle-même n'inspire plus de sainte terreur ; à présent, les abatteurs d'arbres n'y mettent pas tant de façons que leurs ancêtres, surtout lorsqu'ils ne s'attaquent pas à des forêts servant de barrière contre les avalanches. Il suffit seulement qu'ils puissent les exploiter d'une manière utile, c'est-à-dire en gagnant plus par la vente du bois qu'ils n'ont à dépenser pour la coupe et le transport. Nombre de forêts sont encore maintenant dans leur virginité première, à cause de la difficulté pour l'exploiteur d'arriver jusqu'à elles et d'en extraire les arbres abattus. Mais, lorsque les chemins d'accès sont faciles, lorsque la montagne offre de bonnes glissoires d'où l'on peut, d'une seule poussée, faire descendre de plusieurs centaines de mètres les fûts ébranchés, lorsque en bas de la pente le torrent de la vallée est assez fort pour entraîner les arbres en radeaux jusque dans la plaine ou pour faire mouvoir de puissantes scieries mécaniques, alors les forêts courent grand risque d'être attaquées par les bûcherons. S'ils les exploitent avec intelligence, s'ils règlent soigneusement leurs coupes, de manière à laisser toujours sur pied des récoltes de bois pour les années suivantes et à développer dans le sol forestier la plus grande force de production possible, l'humanité n'a qu'à se féliciter des richesses nouvelles qu'ils procurent. Mais lorsqu'ils coupent, détruisent tout d'un coup la forêt tout entière, comme s'ils étaient saisis d'un accès de frénésie, n'est-on pas tenté de les maudire?

La beauté des forêts qui nous restent encore sur les pentes de la montagne fait regretter d'autant plus celles que de violents spéculateurs nous ont ravies. Sur les premières pentes, du côté de la plaine, les bosquets de châtaigniers ont été épargnés, grâce à leurs feuilles, que les paysans ramassent pour la litière des bêtes, et leurs fruits, qu'ils mangent eux-mêmes pendant les soirées d'hiver. Peu de forêts, même dans les régions tropicales, où l'on voit alterner en groupes les arbres des essences les plus diverses, présentent plus de pittoresque et de variété que les bois de châtaigniers. Les pentes de gazon qui s'étendent au pied des arbres sont assez dégagées de broussailles pour que le regard puisse s'ouvrir librement de nombreuses perspectives au-dessous des branchages étalés. En maints endroits, la voûte de verdure laisse passer la lumière du ciel; le gris des ombres et le jaune doux des rayons oscillent suivant le mouvement des feuillages; les mousses et les lichens, qui recouvrent de leurs tapis les écorces ridées, ajoutent à la douceur de ces lumières et de ces ombres fuyantes. Les arbres eux-mêmes, ou bien se dressant isolés, ou bien groupés par deux ou par trois, diffèrent de forme et d'aspect. Presque tous, par les sillons de leur écorce et le jet de leurs branches, semblent avoir subi comme un mouvement de torsion de gauche à droite; mais, tandis que les uns ont le tronc assez uni et bifurquent régulièrement leurs rameaux, d'autres ont d'étranges gibbosités, des nœuds, des verrues bizarrement ornées de feuilles en touffes. Il est de vieux arbres à l'énorme tronc, qui ont perdu toutes leurs grandes branches sous l'effort de l'orage et qui les ont remplacées par de petites tiges pointues comme des lances; d'autres ont gardé tout leur branchage, mais ils se sont pourris à l'intérieur; le temps a rongé leur tronc, en y creusant de profondes cavernes; il ne reste parfois qu'un simple pan de bois recouvert d'écorce, pour porter tout le poids de la végétation supérieure. Çà et là, on remarque aussi sur le sol les restes d'une souche de puissantes dimensions; l'arbre lui-même a disparu; mais, sur tout le pourtour de cette ruine végétale, croissent des châtaigniers distincts, jadis unis dans le gigantesque pilier, et maintenant isolés, racornis, bornés à leur maigre individu. Ainsi, la forêt présente la plus grande diversité : à côté d'arbres bien venus, d'un aspect superbe et d'un port majestueux, voici des groupes dont les formes étranges évoquent devant l'imagination les monstres de la fable ou du rêve !

Bien moins divers dans leurs allures sont les hêtres, qui aiment également à s'associer en forêts, comme les châtaigniers. Presque tous sont droits comme des colonnes, et de longues échappées ouvertes entre les fûts permettent à la vue de s'étendre au loin. Les hêtres sont lisses, brillants d'écorce et de lichens ; à la base seulement, ils sont vêtus de mousse verte ; de petites touffes de feuilles ornent çà et là la partie basse du tronc ; mais c'est à quinze mètres au-dessus du sol que les branchages s'étalent et s'unissent d'arbre en arbre dans une voûte continue, percée de rayons parallèles qui bariolent le gazon. L'aspect de la forêt est sévère et pourtant hospitalier ; une douce lumière, composée de tous ces faisceaux brillants et verdie par le reflet des feuilles, emplit les avenues et se mêle à leur ombre pour former un vague jour cendré, sans coups de lumière, mais aussi sans ténèbres. A cette lueur, on distingue nettement tout ce qui vit au pied des grands arbres : les insectes rampants, les fleurettes qui se balancent, les champignons et les mousses qui tapissent le sol et les racines; mais, sur les arbres eux-mêmes, les lichens blancs ou jaunes d'or et les rayons s'entremêlent et se confondent. Suivant les saisons, la forêt de hêtres change incessamment d'aspect. Lorsque vient l'automne, son feuillage se colore de teintes diverses où dominent les nuances brunes et rougeâtres; puis il se flétrit et tombe sur le sol, qu'il recouvre de ses lits épais de feuilles sèches, frissonnant au moindre souffle d'air. La lumière du soleil pénètre librement dans la forêt entre les rameaux nus, mais aussi les neiges et les brumes; le bois reste morne et triste jusqu'au jour de printemps, où les premières fleurs s'épanouissent à côté des flaques de neige fondante, où les bourgeons rougissants répandent sur tout le branchage comme une vague lueur d'aurore.

La forêt de sapins qui croît à la même hauteur que les hêtres sur le versant des monts, mais à une exposition différente, est bien autrement sombre et redoutable d'aspect. Elle semble garder un secret terrible; de sourdes rumeurs sortent de ses branches, puis s'éteignent pour renaître encore comme le murmure lointain des vagues. Mais c'est en haut, dans les ramures, que se propage le bruit; en bas, tout est calme, impassible, sinistre; les rameaux, chargés de leur noir feuillage, s'abaissent presque jusqu'au sol; on frémit en passant sous ces voûtes sombres. Que l'hiver charge de neige ces robustes branches, elles ne faibliront point et ne laisseront tomber sur le gazon qu'une poussière argentée. On dirait que ces arbres ont une volonté tenace, d'autant plus puissante qu'ils sont tous unis dans une même pensée. En gravissant par la forêt vers le sommet de la montagne, on s'aperçoit que les arbres ont de plus en plus à lutter pour maintenir leur existence dans l'atmosphère refroidie. Leur écorce est plus rugueuse, leur tronc moins droit, leurs branches plus noueuses, leur feuillage plus dur et moins abondant : ils ne peuvent résister aux neiges, aux tempêtes, au froid, que par l'abri qu'ils se fournissent les uns aux autres; isolés, ils périraient; unis en forêt, ils continuent de vivre. Mais aussi, que, du côté de la cime, les arbres qui forment la première palissade de défense viennent à céder sur un point, et leurs voisins sont bientôt ébranlés par l'orage et renversés. La forêt se présente comme une armée, alignant ses arbres, comme des soldats, en front de bataille. Seulement un ou deux sapins, plus robustes que les autres, restent en avant, semblables à des champions. Solidement ancrés dans le rocher, campés sur leurs reins trapus, bardés de rugosités et de nœuds comme d'une armure, ils tiennent tête aux orages et, çà et là, secouent fièrement leur petit panache de feuilles. J'ai vu l'un de ces héros qui s'était emparé d'une pointe isolée et de là dominait un immense pourtour de vallons et de ravins. Ses racines, que la terre végétale, trop peu profonde, n'avait pu recouvrir, enveloppaient la roche jusqu'à de grandes distances ; rampantes et tortueuses comme des serpents, elles se réunissaient en un seul tronc bas et noueux qui semblait prendre possession de la montagne. Les branches de l'arbre lutteur s'étaient tordues sous l'effort du vent; mais, solides, ramassées sur elles-mêmes, elles pouvaient encore braver l'effort de cent tempêtes.

Au-dessus de la forêt de sapins et de sa petite avant-garde exposée à tous les orages, croissent encore des arbres; mais ce sont des espèces qui, loin de s'élever droit vers le ciel, rampent au contraire sur le sol et se glissent peureusement dans les anfractuosités pour échapper au vent et à la froidure. C'est en largeur qu'ils se développent; les branches, serpenteuses comme les racines, se reploient au-dessus d'elles et profitent du peu de chaleur qui en rayonne. C'est ainsi que, pour se réchauffer pendant les nuits d'hiver, les moutons se pressent les uns contre les autres. En se faisant petits, en ne présentant qu'une faible prise à l'orage et que peu de surface au froid, les genévriers de la montagne réussissent à maintenir leur existence; on les voit encore ramper vers les sommets neigeux à des centaines de mètres au-dessus du sapin le plus hardi à l'escalade. De même, les arbustes, tels que les roses des Alpes et les bruyères, réussissent à s'élever à de grandes altitudes, à cause de la forme sphérique ou en coupole qu'ont toutes les tiges pressées les unes contre les autres ; le vent glisse facilement sur ces boules végétales. Plus haut, cependant, il leur faut bien renoncer à lutter contre le froid ; ils cèdent la place aux mousses qui s'étalent sur le sol, aux lichens qui s'incorporent à la roche ; sortie de la pierre, la végétation rentre dans la pierre.

# CHAPITRE XV

## LES ANIMAUX DE LA MONTAGNE

Riche par sa végétation de forêts, d'arbustes, de gazons et de mousses, la montagne semble bien pauvre en animaux; elle paraîtrait presque complètement déserte, si les pâtres n'y avaient amené leurs troupeaux de vaches et de brebis, que l'on voit de loin, sur le vert des pâturages, comme des points rouges ou blancs, et si les chiens de garde, toujours zélés, ne couraient incessamment de droite et de gauche, en faisant retentir les roches de leurs aboiements. Ce sont là des immigrants temporaires, venus des plaines basses au printemps et qui doivent y retourner en hiver, à moins qu'on ne les cache au fond des étables dans les hameaux de la vallée. Les seuls enfants de la montagne que l'on rencontre en gravissant les pentes sont des insectes qui traversent le sentier, se glissant parmi les herbes ou bourdonnant dans l'air ; des papillons, parmi lesquels on remarque les érèbes noires aux reflets chatoyants, et le magnifique apollon, fleur vivante qui vole au-dessus des fleurs ; çà et là quelque reptile se dérobe entre deux pierres. Les forêts sont fort silencieuses ; il n'y chante que peu d'oiseaux.

Cependant la montagne, forteresse naturelle qui se dresse au milieu des plaines, a ses hôtes aussi : les uns, fuyards craintifs, qui se cherchent une retraite inaccessible ; les autres, hardis voleurs, animaux de proie qui, du haut de leurs tours de guet, épient au loin l'horizon avant de s'élancer à leurs excursions de pillage.

Chose bizarre, que fait trop bien comprendre la lâcheté des hommes, les bêtes de la montagne qui déchirent et qui tuent les autres sont précisément ce que l'on admire le plus. On en ferait volontiers des rois, et dans les mythes, les fables, les légendes et maint vieux livre d'histoire naturelle, on leur donne vraiment ce nom.

Voici d'abord l'aigle et autres rapaces, oiseaux de carnage que tous les maîtres de la terre ont choisis pour emblèmes, leur donnant quelquefois deux têtes, comme s'ils voulaient eux-mêmes avoir deux becs pour dévorer. Certes, l'aigle est beau lorsqu'il est fièrement campé sur un roc inaccessible aux hommes, et bien plus magnifique encore lorsqu'il plane tranquillement dans les airs, souverain de l'espace : mais qu'importe sa beauté ? Si le roi l'admire, le berger le hait. Il est l'ennemi du troupeau, et le pâtre lui a voué guerre à mort. Bientôt aigles, vautours et gypaètes, n'existeront plus que dans nos musées ; déjà, sur nombre de montagnes, on n'en voit plus un seul nid, ou bien celui qui reste ne renferme plus qu'un oiseau solitaire et méfiant, vieillard à demi perclus, dévoré de parasites.

L'ours est aussi un dévoreur de moutons, et, tôt ou tard, le berger l'exterminera de nos montagnes. En dépit de sa vigueur prodigieuse, de l'art avec lequel il sait broyer les os, il n'est pas le favori des rois, qui sans doute ne lui trouvent pas assez d'élégance pour le mettre dans leur blason ; en revanche, mainte peuplade le chérit à cause de ses qualités, et même le chasseur qui le poursuit ne peut se défendre d'une certaine tendresse à son égard. L'Ostiak, après lui avoir donné le coup de grâce et l'avoir étendu sanglant sur la neige, se jette à genoux devant le cadavre pour implorer son pardon : « Je t'ai tué, ô mon Dieu ! mais j'avais faim, ma famille avait faim, et tu es si bon que tu pardonneras mon crime. » Pourtant il ne fait point sur nous l'effet d'un dieu ; mais comme il semble honnête, et candide, et bienveillant ! Comme il paraît bien pratiquer les vertus de famille ! Qu'il est doux à ses petits et que ceux-ci sont gais, et cabrioleurs, et fantasques ! Ces mœurs patriarcales qu'on nous a tant vantées, c'est dans la caverne de l'ours ou dans son énorme nid, confortablement tapissé de mousse, qu'il faut aller les chercher ! Il est vrai que le gros animal donne de temps en temps un coup de croc aux moutons du berger ; mais, d'ordinaire, n'est-il pas la sobriété même ? Il se contente de brouter des feuilles, de paître des myrtilles, de savourer des gâteaux de miel ; peut-être se hasarde-t-il aussi dans la vallée pour aller débonnairement manger à même des raisins et des poires.

Un naturaliste suisse, Tsendi, nous affirme, sur l'honneur, que, si le brave animal rencontre en chemin une petite fille portant un panier de fraises, il se borne à poser délicatement sa patte sur le panier pour en demander sa part. Et quand il est entré au service de l'homme, comme il est serviable, de bonne humeur, magnanime et dédaigneux des insultes ! Je ne puis m'empêcher de regretter ce bon animal, que bientôt on ne verra plus dans nos montagnes et dont le chasseur cloue orgueilleusement les pattes sur la porte de sa grange. On supprimera la race : mais, avec plus d'intelligence, n'eût-on pu l'apprivoiser et l'associer à nos travaux ?

Quant au loup, personne ne le regrettera lorsqu'il aura tout à fait disparu de la montagne. Voilà bien le compère malfaisant, perfide, sanguinaire, lâche et vil de toutes façons ! Il ne pense qu'à déchirer la victime et à boire le sang chaud sortant de la plaie.

Tous les animaux le haïssent, et lui les hait tous ; mais il n'ose attaquer que les faibles et les blessés. La frénésie de la faim peut seule le pousser à se jeter sur de plus forts que lui. En revanche, que d'empressement à se précipiter sur une proie déjà tombée, sur un ennemi qui ne peut se défendre ! Même lorsqu'un loup vient de s'abattre, vivant encore, sous la balle du chasseur, tous ses compagnons s'élancent sur lui pour l'achever et se disputer ses restes. Certes, la sanglante Rome a chargé sa mémoire de tous les forfaits imaginables ; elle a rasé des villes par milliers, écrasé des hommes par millions ; elle s'est gorgée des richesses de la terre ; par la perfidie et la violence, par des infamies sans nombre, elle est devenue la reine du monde antique, et pourtant, malgré tous ses crimes, elle s'est calomniée en se donnant une louve pour mère et pour patronne. Le peuple dont les lois, sous une autre apparence, nous régissent encore, était certainement dur, presque féroce, mais il n'était pas aussi mauvais que pourrait le faire croire le symbole choisi par lui !

Pour celui qui chérit la montagne, c'est un

plaisir de savoir que le loup, cet être odieux, est un animal des grandes plaines. La destruction des forêts natales et le nombre croissant des chasseurs l'ont forcé à se réfugier dans les gorges des hauteurs, mais il n'en est pas moins un intrus; il est fait pour fournir d'une traite des courses de cinquante lieues à travers les steppes, non pour escalader les pentes de rochers. L'animal que la forme de son corps et l'élasticité de ses muscles rendent le plus propre à bondir de roche en roche, à franchir les crevasses, c'est le gracieux chamois, l'antilope de nos contrées. Voilà le véritable habitant de la montagne! Aucun précipice ne l'effraye, aucune pente de neige ne le rebute; il gravit en quelques bonds des escarpements vertigineux où l'homme le plus avide de chasse n'ose se hasarder; il s'élance d'un saut sur des pointes moins larges que ses quatre pieds, réunis en un seul support; c'est bien un animal de terre, mais on le croirait ailé. D'ailleurs, il est doux et sociable; il aimerait à se mêler à nos troupeaux de chèvres et de brebis; peu d'efforts suffiraient sans doute pour l'ajouter au petit nombre de nos animaux domestiques ; mais il est encore plus facile de le tuer que de l'élever, et les quelques chamois qui restent encore sont réservés pour la joie des chasseurs. Il est probable que la race en disparaîtra bientôt. Après tout, ne vaut-il pas mieux mourir libre que de vivre esclave ?

Encore plus haut que le chamois, sur des pentes et des roches entourées de tous les côtés par des neiges, d'autres animaux ont choisi leur demeure. Un d'eux est une espèce de lièvre qui a su finement changer de livrée suivant les saisons, de manière à se confondre en tout temps avec le sol environnant. C'est ainsi qu'il échappe à l'œil perçant de l'aigle. En hiver, lorsque toutes les pentes sont revêtues de neige, sa fourrure est aussi blanche que les flocons ; au printemps, des touffes de plantes, de cailloux, se montrent çà et là à travers la couche neigeuse ; en même temps, le pelage de l'animal se mouchette de taches grisâtres ; en été, il est de la couleur des pierres et du gazon brûlé ; puis, avec le brusque changement de saison, le voilà qui, de nouveau, change brusquement de poil.

Encore mieux protégée, la marmotte passe son hiver dans un terrier profond où la température se maintient toujours égale, malgré les épaisses couches de neige qui recouvrent le sol, et, pendant des mois entiers, elle suspend le cours de sa vie, jusqu'à ce que le parfum des fleurs et les rayons printaniers viennent la réveiller de son sommeil léthargique.

Enfin, un de ces petits rongeurs toujours actifs, toujours éveillés, que l'on rencontre partout, a pris le parti d'atteindre le sommet des montagnes en creusant des tunnels et des galeries au-dessous des neiges : c'est un campagnol. Couvert de ce froid manteau, il cherche dans le sol sa maigre nourriture et, chose merveilleuse, il la trouve !

Telle est la fécondité de la terre, qu'elle produit, pour la bataille incessante de la vie, des populations de mangeurs et de victimes qui livrent leurs combats dans l'obscurité, à plus de mille mètres au-dessus de la limite des neiges persistantes ! Cette terrible lutte pour l'existence, dont le spectacle presque toujours hideux m'avait chassé des plaines, je la retrouve là-haut, sous les couches de la terre glacée.

Souvent, l'oiseau de proie plane plus haut encore, mais c'est pour voyager de l'une à l'autre pente de la montagne ou pour surveiller au loin l'étendue et découvrir son gibier. Les papillons, les libellules, entraînés par la joie de voleter au soleil, s'élèvent parfois jusqu'à la zone la plus haute des monts et, sans prévoir le froid de la nuit, ne cessent de monter gaiement vers la lumière; plus fréquemment encore ces pauvres bestioles, ainsi que les mouches et d'autres insectes, sont emportées vers les hautes cimes par les vents de tourmente, et leurs débris, mêlés à la poussière, jonchent la surface des neiges. Mais, outre ces étrangers qui, de bon gré ou par la violence, visitent les régions du silence et de la mort, il existe des indigènes qui sont bien là chez eux; ils ne trouvent point que l'air y soit trop froid ou le sol trop glacé. Autour d'eux s'étend l'immensité morne des neiges; mais les pointes de rocs, qui, çà et là, percent la couche neigeuse, sont pour eux des oasis au milieu du désert; c'est là sans doute, au milieu des lichens, qu'ils trouvent la nourriture nécessaire à leur subsistance. Du reste, c'est merveille qu'ils y réussissent, et les naturalistes le constatent avec étonnement.

Araignées, insectes ou mites des neiges, tous ces petits animaux doivent connaître la faim, et peut-être que les divers phénomènes de leur vie s'opèrent avec une extrême lenteur. Dans cet empire des frimas, les chrysalides doivent rester longtemps engourdies en leur sommeil de mort apparente.

Non seulement la vie se montre à côté des neiges, mais les neiges elles-mêmes semblent vivantes en certains endroits, tant les animalcules y pullulent. De loin, on aperçoit, sur l'étendue blanche, de grandes taches rouges ou jaunâtres. C'est de la neige pourrie, disent les montagnards; ce sont, disent les savants, armés du microscope, des milliards et des milliards d'être grouillants, qui vivent, s'aiment, se propagent et s'entre-mangent.

# CHAPITRE XVI

## L'ÉTAGEMENT DES CLIMATS

Les naturalistes qui parcourent la montagne en étudiant les êtres vivants qui l'habitent, plantes ou animaux, ne se bornent point à étudier l'espèce dans sa forme et dans ses mœurs actuelles ; ils veulent aussi connaître l'étendue de son domaine, la distribution générale de ses représentants sur les pentes, et l'histoire de sa race. Ils considèrent les innombrables êtres d'une même espèce, herbes, insectes ou mammifères, comme un immense individu dont il faut connaître à la fois toutes les demeures à la surface de la terre, et la durée pendant la série des âges.

A l'escalade d'un versant de la montagne,

le voyageur remarque tout d'abord combien peu nombreuses sont les plantes qui lui tiennent compagnie jusqu'au sommet. Celles qu'il a vues à la base et sur les premiers escarpements, il ne les revoit pas sur les pentes plus élevées, ou, s'il en est encore quelques-unes, elles disparaissent dans le voisinage des neiges, pour être remplacées par d'autres espèces. C'est un changement continuel dans l'aspect de la flore, à mesure qu'on se rapproche des froides cimes. Même lorsque la plante des collines inférieures continue de se montrer à côté du sentier voisin des neiges, elle semble changer peu à peu ; en bas, sa fleur est déjà passée, tandis que, sur les hauteurs, elle est à peine en bouton ; ici, elle a déjà fourni son été ; là-haut, elle est encore à son printemps.

Ce n'est pas au cordeau que l'on pourrait mesurer la hauteur exacte à laquelle telle plante cesse de croître, telle autre commence à se montrer. Mille conditions du sol et du climat travaillent à déplacer incessamment, à écarter ou à rétrécir les limites qui séparent le domaine naturel des différentes espèces.

Quand le terrain change, que la roche succède à l'humus ou que l'argile remplace le sable, un grand nombre de plantes cèdent aussi la place à d'autres. Mêmes contrastes, si l'eau détrempe la terre ou qu'elle manque dans le sol altéré, si le vent souffle librement dans toute sa fureur ou s'il rencontre des obstacles servant d'abri contre sa violence. A l'issue des cols où s'engouffrent les tempêtes, certaines pentes sont tellement balayées par cette âpre haleine, qu'arbres et arbustes s'arrêtent sous ce redoutable souffle, comme ils s'arrêteraient devant un mur de glace. Ailleurs, la végétation varie suivant la raideur des escarpements. Sur les falaises verticales, il n'y a que des mousses; des broussailles seulement peuvent s'attacher aux parois très inclinées des précipices; que la pente soit moins forte, mais encore ingravissable à l'homme, les arbres rampent sur les rochers et s'ancrent dans les fissures par leurs racines; sur les terrasses, au contraire, les tiges se redressent, les feuillages s'épanouissent. L'essence des arbres varie d'ordinaire autant que leur altitude. Là où la différence des pentes est causée par celle des assises rocheuses que les agents atmosphériques ont plus ou moins entamées, la montagne offre une succession d'étages parallèles de végétation, du plus bizarre effet. Les pierres et les plantes changent à la fois, en alternances régulières.

De tous les contrastes de végétation, le plus important dans son ensemble est celui que produit la différence d'exposition aux rayons du soleil. Que de fois, en pénétrant dans une vallée bien régulière, dominée par des versants uniformes, l'un tourné vers le nord, l'autre exposé en plein midi, peut-on voir combien cette différence de lumière et de chaleur modifie la végétation sur les deux pentes! Souvent le contraste est absolu; on dirait deux régions de la terre distantes de quelques centaines de lieues l'une de l'autre. D'un côté sont les arbres fruitiers, les cultures, les opulentes prairies; en face, il n'y a ni champs, ni jardins, mais seulement des bois et des pâturages. Même les forêts qui croissent vis-à-vis, sur les deux versants, consistent en essences diverses. Là-haut, sous la pâle lumière reflétée par les cieux du nord, voici les sapins aux sombres rameaux; sous la clarté vivifiante du midi, bien à leur aise comme en un immense espalier, voici les mélèzes au vert délicat. De même que les plantes, qui cherchent à s'épanouir aux rayons du soleil, l'homme a fait choix pour sa demeure des pentes tournées vers le midi. De ce côté, les maisons bordent les chemins en une ligne presque continue, les chalets joyeux sont parsemés comme des rochers grisâtres sur les hauts pâturages. Sur le froid versant qui se dresse en face, à peine voit-on de loin en loin quelque maisonnette s'abritant dans les plis d'un ravin.

Diverses sont les pentes de la montagne par l'aspect, le climat, la végétation; mais toutes ont ce phénomène commun, c'est qu'en les gravissant on croirait se diriger vers les pôles de la terre; que l'on monte d'une centaine de mètres, et l'on se trouve comme transporté à cinquante kilomètres plus loin de l'équateur. Telle cime, que l'on voit se dresser au-dessus de sa tête, porte une flore semblable à celle de la Scandinavie; que l'on dépasse cette pointe pour s'élever plus haut encore, et l'on entre en Laponie; à une altitude plus grande, on trouve la végétation du Spitzberg. Chaque montagne est, par ses plantes, comme une sorte de résumé de tout l'espace qui s'étend de sa base aux régions polaires, à travers les continents et les eaux. Dans leurs récits, les botanistes témoignent souvent de la joie, de l'émotion qu'ils éprouvent lorsque, après avoir escaladé les roche nues, parcouru les neiges, cheminé le long des crevasses béantes, ils atteignent enfin un espace libre, un « jardin », dont les plantes fleuries leur rappellent quelque terre aimée du nord lointain, leur patrie peut-être, située à des milliers de kilomètres de distance. Le miracle des Mille et une Nuits s'est réalisé pour eux ; au prix de quelques heures de marche, les voici transportés dans une autre nature, sous un nouveau climat!

Chaque année, quelques désordres violents, mais temporaires, se produisent dans cette régularité de l'étagement des flores. En se promenant au milieu des éboulis récents, ou sur les amas de terres apportées du haut des montagnes par les eaux torrentielles, le botaniste observe souvent des troubles dans la distribution des tribus végétales. Ce sont là des phénomènes qui l'émeuvent, car, à force d'étudier les plantes, il finit par sympathiser avec elles. Cette vue qui lui fait battre le cœur est causée par l'expatriation forcée d'herbes et de mousses violemment entraînées dans un climat pour lequel elles ne sont pas faites. Dans leur chute ou leur glissement du haut des escarpements supérieurs, les rocs ont apporté leurs flores, semences, racines, tiges entières. Semblables aux fragments d'une planète lointaine qui feraient débarquer sur la terre les habitants d'un autre monde, ces roches descendues des sommets servent aussi de véhicules à des colonies de plantes. Les pauvrettes, étonnées de respirer une autre atmosphère, de se trouver en d'autres conditions de froid et de chaleur, de sécheresse et d'humidité, d'ombre et de lumière, cherchent à s'acclimater dans leur nouvelle patrie. Quelques-unes des étrangères arrivent à se maintenir contre la foule des plantes indigènes qui les entourent; mais la plupart ont beau se grouper, se serrer les unes contre les autres, comme des réfugiées que tout le monde hait et qui s'entr'aiment d'autant plus, elles sont condamnées à périr bientôt. Assaillies de tous les côtés par les anciens propriétaires du sol, elles finissent par céder la place que l'écroulement de leur roche mère leur avait fait violemment conquérir. Le botaniste, qui les étudie dans leur nouveau milieu, les voit dépérir peu à peu ; après quelques années de séjour, les colonies ne se composent plus que d'un petit nombre d'individus souffreteux, puis ces derniers aussi sont finalement étouffés. C'est ainsi que, dans notre humanité, des colons étrangers meurent successivement au milieu d'un peuple qui les hait et sous un climat qui leur est contraire.

En dépit des irrégularités temporaires, l'étagement des flores sur le flanc des montagnes garde donc le caractère d'une loi constante.

D'où provient cette étrange répartition des plantes à la surface du globe? Pourquoi les espèces originaires des contrées les plus lointaines ont-elles ainsi essaimé en petites colonies sur les hauts escarpements des monts? Sans doute les semences de quelques-unes d'entre elles auraient pu être portées par des oiseaux ou même par des vents de tempête ; mais la plupart de ces espèces ont des graines dont ne se nourrissent point les oiseaux, et qui sont trop lourdes pour s'attacher aux plumes de leurs pattes; parmi ces plantes des régions froides qui colonisent la montagne, il en est même des familles entières qui naissent de bulbes, et certes ni le vent ni les oiseaux ne sauraient les avoir transportées par-dessus les continents et les mers.

Il faut donc que les plantes se soient propagées de proche en proche, par empiétements graduels, comme elles le font dans nos champs et nos prairies. Les petits colons que l'on voit aujourd'hui dans les hauts « jardins » entourés de neiges sont montés lentement des plaines inférieures, tandis que d'autres plantes des mêmes espèces, marchant en sens inverse, se dirigeaient vers les régions polaires où elles sont actuellement cantonnées. Sans doute alors le climat de nos campagnes était aussi froid que l'est de nos jours celui des grands sommets et de la zone boréale; mais peu à peu la température devint plus douce; les plantes qui se plaisaient sous la rude haleine du froid furent obligées de s'enfuir, les unes vers le nord, les autres vers les pentes des monts. Des deux bandes fugitives, que séparait une zone sans cesse croissante, occupée par des espèces ennemies, l'une, celle qui se retirait vers les montagnes, voyait l'espace diminuer devant elle, en proportion de la douceur accrue du climat; elle occupa d'abord les contreforts de la base, puis les pentes moyennes, puis les hautes cimes, et maintenant quelques-unes ont pour dernier refuge les crêtes suprêmes du mont. Que le climat se refroidisse de nouveau par suite de quelque changement cosmique, et les petites plantes recommenceront leurs voyages vers la plaine; victorieuses à leur tour, elles chasseront devant elles les espèces qui demandent une température plus douce. Suivant les alternatives des climats et de leurs cycles immenses, les armées des plantes avancent ou reculent à la surface du globe, laissant derrière elles des bandes de traînards qui nous révèlent quelle fut jadis la marche du corps principal.

Mêmes phénomènes pour les tribus des hommes que pour celles des plantes et des animaux! Pendant les oscillations du climat, les peuples des diverses races, qui ne pouvaient s'accommoder au milieu changeant, se déplaçaient lentement vers le nord ou le sud, chassés par le froid ou par la trop grande chaleur. Malheureusement l'histoire, qui n'était pas encore née, n'a pu nous raconter tous ces va-et-vient des peuples; et d'ailleurs, dans leurs grandes migrations, les hommes obéissent toujours à un ensemble de passions multiples qu'ils ne savent point analyser. Que de tribus ont ainsi marché, changé de demeure, sans savoir ce qui les poussait en avant! Elles racontaient ensuite dans leurs traditions qu'elles avaient été guidées par une étoile ou par une colonne de feu, ou bien qu'elles avaient suivi le vol d'un aigle, posé leurs pieds dans les traces laissées par le sabot d'un bison.

Si l'histoire est muette ou du moins très sobre de paroles sur les marches et contre-marches que les changements de climats ont imposées aux peuples, en revanche, il suffit de regarder pour voir, sur les flancs opposés de la plupart des montagnes, comment la différence des hommes répond à celle de la température et du milieu. Lorsque, de chaque côté du mont, le contraste des climats est peu sensible, soit parce que la direction de toute la rangée des hauteurs est celle du nord au sud, soit parce que des vents d'une même origine et portant une même quantité d'humidité viennent arroser les deux versants, alors les hommes d'une même race peuvent se répandre librement de part et d'autre, s'adonner à la même culture, aux mêmes industries, pratiquer les mêmes mœurs. La muraille qui se dresse entre eux, et qu'interrompent peut-être de nombreuses brèches, n'est point un rempart de séparation. Mais que la montagne et toute la série des sommets qui s'y rattachent de part et d'autre aient un de leurs versants tourné vers le nord et ses vents froids, et que la pente opposée reçoive en plein les doux rayons du midi; ou bien que, d'un côté, les vapeurs de la mer s'épanchent en torrents, tandis que, de l'autre côté, les ravins restent toujours à sec, et bien certainement flore, faune, humanité des deux versants, offriront les plus remarquables contrastes. Chaque pas que fait le voyageur, après avoir franchi la crête, le met en présence d'une nature nouvelle; il pénètre dans un autre monde où découverte succède à découverte. Le voilà qui s'arrête devant une herbe odorante qu'il n'avait jamais vue; un étrange papillon voltige devant lui; pendant qu'il étudie les espèces nouvelles, plantes ou animaux, ou qu'il cherche à se rendre compte dans leur ensemble des traits de cette nature qu'il ne connaissait pas, un pâtre vient à sa rencontre; c'est l'homme d'une autre race et d'une autre civilisation; sa langue même est différente.

En séparant deux zones de climats, la crête de la montagne sépare donc aussi deux peuples; c'est là un phénomène constant dans tous les pays de la terre où la conquête n'a pas brutalement mélangé ou supprimé les races, et même, en dépit des violences de la conquête, ce contraste normal entre les populations des deux versants s'est fréquemment rétabli. Qu'on en juge par l'histoire de l'Italie! La splendeur de ce pays fascinait les barbares du nord et du nord-ouest! Que de fois les Allemands et les Français, attirés par la richesse de son territoire, par les trésors de ses villes, la saveur de ses fruits et toutes ses beautés naturelles, se sont précipités en bandes armées sur les plaines qu'entoure le grandiose hémicycle des Alpes! Ils ont eu beau massacrer, incendier et détruire, beau s'installer eux-mêmes à le place des vaincus, se bâtir des villes et se construire des citadelles, la population native a toujours repris le dessus, et les étrangers, Celtes ou Teutons, ont dû repasser les Alpes.

Aussi les monts, rugosités relativement insignifiantes à la surface du globe, simples obstacles que l'homme peut d'ordinaire franchir en un jour, prennent-ils une extrême importance historique comme frontières naturelles entre les nations diverses. Ce rôle dans la vie de l'humanité, ils le doivent moins au manque de routes, à la raideur de leurs escarpements, à leur zone de neiges et de rochers infertiles, qu'à la diversité et souvent à l'inimitié des populations assises aux deux bases opposées. L'histoire du passé nous l'enseigne : toute limite naturelle posée entre les peuples par un obstacle difficile à franchir, plateau, montagne, désert ou fleuve, était en même temps une frontière morale pour les hommes ; comme dans les contes de fées, elle se fortifiait d'un mur invisible, dressé par la haine et le mépris. L'homme venu par delà les monts n'était pas seulement un étranger, c'était un ennemi. Les peuples se haïssaient; mais parfois un berger, meilleur que toute sa race, chantait doucement quelques paroles naïvement affectueuses en regardant par delà les monts. Lui, du moins, savait franchir la haute barrière des rochers et des neiges; par le cœur, il savait se faire une patrie sur les deux versants de la montagne. Un vieux chant de nos Pyrénées raconte ce triomphe d'un doux sentiment sur la nature et sur les traditions de haines nationales :

Baicha-bous, montagnos! Planos, haoussa-bous,
Daqué pousqui bede oun soun mas amous!
Baissez-vous, montagnes! plaines, haussez-vous
Et que je puisse voir où sont mes amours!

# CHAPITRE XVII

## LE LIBRE MONTAGNARD

Le plissement de la surface terrestre en montagnes et en vallées est donc un fait capital dans l'histoire des peuples, et souvent il explique leurs voyages, leurs migrations, leurs conflits, leurs destinées diverses. C'est ainsi qu'une taupinière, surgissant dans une prairie, au milieu de populations d'insectes empressés qui vont et viennent, change immédiatement tous les plans et fait dévier en sens divers la marche des tribus voyageuses.

En séparant de son énorme masse les nations qui en assiègent de part et d'autre les versants, la montagne protège aussi les habitants, d'ordinaire peu nombreux, qui sont venus chercher un asile dans ses vallées. Elle les abrite, elle les fait siens, leur donne des mœurs spéciales, un certain genre de vie, un caractère particulier. Quelle que soit sa race originaire, le montagnard est devenu tel qu'il est sous l'influence du milieu qui l'entoure ; la fatigue des escalades et des pénibles descentes, la simplicité de la nourriture, la rigueur des froids de l'hiver, la lutte contre les intempéries, en ont fait un homme à part, lui ont donné une attitude, une démarche, un jeu de mouvements bien différents de ceux de ses voisins des plaines. Elles lui ont donné en outre une manière de penser et de sentir qui le distingue ; elles ont reflété dans son esprit, comme dans celui du marin, quelque chose de la sérénité des grands horizons ; dans maints endroits aussi, elles lui ont assuré le trésor inappréciable de la liberté.

Une des grandes causes qui ont contribué à maintenir l'indépendance de certaines peuplades des montagnes, c'est que, pour elles, le travail solidaire et les efforts d'ensemble sont une nécessité. Tous sont utiles à chacun, et chacun l'est à tous ; le berger qui va sur les hauts pâturages garder les troupeaux de la communauté n'est pas le moins nécessaire à la prospérité générale. Quand un désastre a lieu, il faut que tous s'entr'aident pour réparer le mal ; l'avalanche a recouvert quelques cabanes, tous travaillent à déblayer les neiges ; la pluie a raviné les champs cultivés en gradins sur les pentes, tous s'occupent de reprendre la terre éboulée dans les fonds et la reportent dans des hottes jusqu'au versant d'où elle est descendue ; le torrent débordé a recouvert les prairies de cailloux, tous s'emploient à dégager le gazon de ces débris qui l'étouffent. En hiver, lorsqu'il est dangereux de s'aventurer dans les neiges, ils comptent sur l'hospitalité les uns des autres ; ils sont tous frères, ils appartiennent à la même famille. Aussi, quand ils sont attaqués, résistent-ils d'un commun accord, mus pour ainsi dire par une seule pensée. D'ailleurs, la vie de luttes incessantes, de combats sans trêve contre les dangers de toute sorte, peut-être aussi l'air pur, salubre, qu'ils respirent, en font des hommes hardis, dédaigneux de la mort. Travailleurs pacifiques, ils n'attaquent point, mais ils savent se défendre.

La montagne protectrice leur procure les moyens de s'abriter contre l'invasion. Elle défend la vallée par d'étroits défilés d'entrée où quelques hommes suffiraient pour arrêter des bandes entières ; elle cache ses vallons fertiles dans les creux de hautes terrasses dont les escarpements semblent ingravissables ; en certains endroits, elle est perforée de cavernes communiquant les unes avec les autres et pouvant servir de cachettes.

Sur la paroi d'un défilé, que je visitais souvent, se trouvait une de ces forteresses cachées. C'est à grand'peine si je pouvais en atteindre l'entrée en m'accrochant aux anfractuosités du roc et en m'aidant de quelques tiges de buis qui avaient inséré leurs racines dans les fentes. Combien plus difficile en eût été l'escalade à des assiégeants! Des blocs, entassés à la porte de la grotte, étaient prêts à rouler et à rebondir de pointe en pointe jusque dans le torrent. De chaque côté de l'entrée, la roche, absolument droite et polie, n'eût pas laissé passer une couleuvre ; au-dessus, la falaise surplombait et, comme un porche gigantesque, protégeait l'ouverture. En outre, un grand mur la fermait à demi. A moins d'une surprise, la grotte était donc inabordable à tout assaillant. Les ennemis devaient se borner à la surveiller de loin ; mais, lorsqu'ils n'entendaient plus sortir la moindre rumeur, lorsqu'ils se hasardaient enfin pour compter les cadavres, ils trouvaient les galeries souterraines complètement vides. Les habitants s'étaient glissés de caverne en caverne jusqu'à une autre issue plus secrète cachée dans les broussailles. La chasse était à recommencer. Quelquefois, hélas ! elle se terminait par la capture du gibier. L'homme est une proie pour l'homme.

En certains endroits où la montagne n'offre pas de cavités propices, c'est un roc isolé dans la vallée, un roc aux faces perpendiculaires, qui servait de forteresse. Taillé à pic sur les trois côtés que le torrent entoure à la base, il n'était accessible que par un seul versant, et de ce côté le groupe de montagnards, qui voulait en faire à la fois sa tour de guet et son donjon de retraite, n'avait qu'à continuer le travail commencé par la nature. Il escarpait la roche, la rendait ingravissable aux pas humains et n'y laissait qu'une seule entrée souterraine percée à coups de barre dans l'épaisseur du roc. Une fois rentrés dans leur aire, les habitants de la forteresse obstruaient l'ouverture au moyen d'un quartier de roche; l'oiseau seul pouvait alors leur rendre visite. L'architecture n'était point nécessaire à cette citadelle. Peut-être néanmoins, par une sorte de coquetterie, le montagnard bordait-il l'arête du précipice d'un mur à créneaux, qui permettait à ses enfants de jouer sans danger sur toute l'étendue du plateau, et du haut duquel il pouvait, mieux à son aise, épier tout ce qui se montrait aux alentours sur les pentes des monts. En beaucoup de contrées montagneuses de l'Orient, dont les vallées sont peuplées de races ennemies les unes des autres, et où le meurtre d'un homme, en conséquence, est tenu pour simple peccadille, nombre de ces rochers-forteresses sont encore habités. Quand un hôte arrive au bas de l'escarpement, il annonce sa présence par des cris d'appel. Bientôt après, un panier descend d'une trappe ouverte dans le rocher; le voyageur s'y installe, et les robustes bras de ses amis d'en haut hissent lentement le lourd panier tourbillonnant dans l'air.

Si les rochers abrupts des hautes vallées servaient à défendre les populations paisibles contre toute incursion, en revanche les monticules de la plaine servaient souvent de poste de guet et de rapine à quelque baron de proie.

Combien de villages, même dans notre pays, montrent par leur architecture que, récemment encore, la guerre était en permanence, et qu'à chaque heure il fallait s'attendre à une attaque de seigneurs ou de malandrins. Il n'y a point de maisons isolées sur les pentes sans défense ; toutes les masures, semblables à des moutons effrayés par l'orage, se sont groupées en un seul tas, vaste monceau de pierres. D'en bas, on dirait une simple continuation du rocher, une dentelure de la cime, tantôt éclatante de lumière, tantôt noire d'ombre ; on y monte par des sentiers vertigineux que chaque matin les paysans ont à descendre pour cultiver leurs champs, qu'ils ont à gravir péniblement chaque soir après le long travail de la journée. Une porte seulement donne accès dans la commune, et sur les tours latérales se voient encore les traces des herses et d'autres moyens de défense. Aucune fenêtre ne donne vue sur l'immense étendue des vallées environnantes; les seules ouvertures sont des meurtrières où passaient autrefois les javelots et les canons des fusils. Encore aujourd'hui, les descendants de ces malheureux, assiégés de génération en génération, n'osent bâtir leur demeure au milieu de leurs champs. Ils pourraient le faire, mais la coutume, de tous les tyrans le mieux obéi, les parque toujours dans l'antique prison.

Les hautes vallées de la montagne étaient libres, libres les montagnards ; mais, en dehors des passages étroits où ne s'étaient jamais hasardés impunément les agresseurs, un promontoire presque isolé portait le château fort d'un baron. De là-haut, le brigand, anobli par ses propres crimes et par ceux de ses ancêtres, pouvait surveiller les plaines environnantes ainsi que les ravins et le défilé de la montagne. Comme un serpent enroulé sur un rocher et redressant sa tête inquiète pour guetter un nid plein d'oisillons, le bandit regarde du haut de son donjon ; il n'ose attaquer les montagnards dans leur vallée, mais il se promet au moins de surprendre et d'asservir ceux qui se hasarderont dans la plaine.

Le château du noble détrousseur de passants est en ruine aujourd'hui. Un sentier pierreux, obstrué de ronces, a remplacé le chemin où les guerriers faisaient caracoler leurs chevaux joyeux au moment du départ, où remontaient les marchands enchaînés et les mulets pesamment chargés de butin. A l'endroit où fut le pont-levis, le fossé a été comblé de pierres, et, depuis, le vent et les pieds des passants y ont porté un peu de terre végétale dans laquelle des sureaux ont fait entrer leurs racines. Les murs sont en grande partie écroulés; d'énormes fragments, pareils à des rochers, gisent épars sur le sol; ailleurs, des éboulis de pierres tombées dans le fossé en emplissent à demi les douves que recouvre un tapis épais de lentilles d'eau. La grande cour, où jadis se rassemblaient les hommes d'armes avant les expéditions de pillage, est encombrée de débris, coupée de fondrières; on ose à peine se frayer un chemin à travers les fourrés d'arbrisseaux et les hautes herbes; or a peur de marcher sur quelque vipère blottie entre deux pierres ou de tomber dans l'ouverture de quelque oubliette encore béante. Avançons pourtant en regardant attentivement à nos pieds! Nous arrivons au bord du puits qu'entoure heureusement un reste de margelle. Nous nous penchons avec effroi au-dessus de la gueule noire du gouffre, et nous cherchons à en sonder la profondeur à travers les scolopendres et les fougères enguirlandées. Il nous semble discerner au fond le vague reflet d'un rayon égaré dans l'abîme ; nous croyons entendre monter vers nous comme un murmure étouffé. Est-ce un courant d'air égaré qui tourbillonne dans le puits ? Est-ce une source dont l'eau suinte à travers les pierres et tombe goutte à goutte ? Est-ce une salamandre qui rampe dans l'eau et la fait clapoter? Qui sait? Autrefois, nous dit la légende, les bruits confus qui sortaient de ces profondeurs étaient les cris de désespoir et les sanglots des victimes. L'eau du puits repose sur un lit d'ossements.

Je détourne avec effort mes yeux du gouffre qui me fascine, et je les reporte sur la masse

carrée du donjon, brillant en pleine lumière.
Les autres tours se sont écroulées, lui seul
est resté debout; il a même gardé quelques
créneaux de sa couronne. Les murs, jaunis par
le soleil, sont encore polis comme au lendemain du jour où le seigneur banqueta pour la
première fois dans la grande salle; on n'y voit
pas une lézarde, à peine une éraflure ; seulement, les boiseries et les ferrures des étroites
fenêtres disposées en meurtrières ont disparu.
A cinq mètres au-dessus du sol, s'ouvre dans
l'épaisseur de la muraille ce qui fut la porte
d'entrée; une large pierre en saillie en forme
le seuil, et le sommet de l'ogive est orné d'une
sculpture grossière portant un monogramme
bizarre et les traces de l'antique devise baro-
niale. L'escalier mobile qui s'accrochait au
seuil n'existe plus, et l'archéologue zélé, qui
veut chercher à lire ou plutôt à deviner les
quelques mots orgueilleux sculptés dans la
pierre, doit se munir d'une échelle. Pour
s'introduire dans l'intérieur de la tour, les
paysans ont pris un moyen plus violent : ils
ont percé le mur au ras du sol. Ce fut là,
sans doute, un rude travail ; mais peut-être

étaient-ils animés par l'amour de la vengeance contre ce donjon où nombre des leurs étaient morts de faim ou dans les tortures ; peut-être aussi se figuraient-ils qu'ils y découvriraient un trésor caché.

Je pénètre par cette brèche avec une sorte d'appréhension ; l'air de l'intérieur, auquel ne vient jamais se mêler un rayon de soleil, me glace avant que je sois entré. Pourtant la lumière descend jusqu'au fond de la tour ; le toit s'est effondré ; les planchers ont été brûlés dans quelque antique incendie, et l'on aperçoit çà et là, à demi engagés dans la muraille, des restes de poutres noircies. Tous ces débris, pierres, bois et cendres, se sont peu à peu mêlés en une sorte de pâte que l'eau du ciel, descendant comme au fond d'un puits, conserve toujours humide. Un limon gluant recouvre cette terre molle où glisse le pied que j'y hasarde avec répugnance. Il me semble être enfermé déjà dans l'horrible cachot ; je n'en respire qu'avec dégoût l'air rance et méphitique. Et pourtant cet air est pur, en comparaison de cette odeur de moisissure et d'ossements qui sort de la gueule ébréchée des oubliettes. Je me penche au-dessus du trou noir et cherche à discerner quelque chose, mais je ne vois rien. Il me faudrait avoir le regard aiguisé par une longue obscurité pour distinguer les reflets égarés dans ces ténèbres. Trou sinistre ! J'ignore les meurtres dont il a été complice, mais je frissonne de peur en le voyant, et, comme pour chercher de la force, je regarde vers le bleu du ciel encadré par les quatre murailles de la tour. Une chouette troublée tourbillonne là-haut en poussant son aigre cri.

Un escalier pratiqué dans l'épaisseur du mur permet de monter jusqu'aux créneaux. Plusieurs marches sont usées, et l'escalier se trouve ainsi changé en un plan incliné fort difficile à gravir; mais, en m'appuyant aux parois, en m'accrochant aux saillies, en glissant dans la poussière pour me relever, je finis par atteindre le couronnement de la tour. La pierre est large, et je ne cours aucun danger; cependant, j'ose à peine faire quelques pas, de peur d'être entraîné par le vertige. Je suis perché tout en haut, dans la région des oiseaux et des nuages, entre deux abîmes. D'un côté est le gouffre noir de la tour ; de l'autre est la profondeur lumineuse des rochers et des versants éclairés par le soleil. Le promontoire qui porte le donjon paraît lui-même comme une autre tour de plusieurs centaines de mètres de hauteur, et la rivière qui serpente autour de sa base produit au plus l'effet d'un simple fossé de défense. On raconte que l'un des anciens seigneurs de l'endroit se donnait quelquefois le plaisir de faire sauter ses prisonniers du haut de la terrasse du donjon. Il réservait à ses ennemis les plus détestés la mort lente dans le trou des oubliettes ; mais les captifs contre lesquels il n'avait aucun motif de haine devaient, en s'élançant de la tour, montrer avec quel courage et quelle bonne grâce ils savaient mourir. Le soir, on en causait autour de la table fumante, on riait des contorsions de ceux qui reculaient épouvantés devant l'abîme, on louait ceux qui d'un bond s'étaient d'eux-mêmes lancés dans le vide. Le noble seigneur mourut dans un couvent du voisinage en « odeur de sainteté ».

Au pied de la roche se groupent en désordre les humbles maisonnettes aux toits d'ardoise ou de chaume de l'ancien village asservi. Quels changements se sont accomplis, non seulement dans les institutions et dans les mœurs, mais aussi dans l'âme humaine, depuis que le seigneur tenait ainsi tous ses sujets sous son regard et sous son pied, depuis que l'héritier de son nom grandissait en se disant, de ces êtres mal vêtus qu'il voyait se mouvoir en bas : « Tous ces hommes, si je le veux, sont de la chair pour mon épée ! » Comment alors eût-il été possible, même au plus doux, au mieux doué d'entre les fils de nobles, de ne pas sentir sa poitrine se gonfler d'un orgueil féroce, à la vue de tout cet horizon de terres soumises, de ce village rampant, de ces manants abjects grouillant dans le fumier ? Il eût voulu s'imaginer qu'en naissant les hommes ont droit égal au bonheur, il se fût considéré comme né de la même boue, qu'un seul regard jeté dans l'espace, du haut de l'orgueilleuse terrasse de son donjon, eût suffi pour le détromper. Pour croire à l'égalité, non dans la joie, mais dans le désespoir ou le remords, il lui fallait quitter son château, s'enfouir dans le couvent sombre d'une étroite vallée et se frapper le front sur le pavé des églises.

De nos jours, le descendant de ces anciens chevaliers n'a plus à se faire le geôlier d'un village, ni à surveiller les habitants d'un regard jaloux, à moins pourtant qu'il soit devenu propriétaire d'usine et que les villageois peuplent sa fabrique. La villa qu'il s'est fait bâtir sur le penchant d'un coteau se cache pour ainsi dire. Le groupe de maisons le plus voisin est masqué par un rideau de grands arbres, et si des villages lointains se montrent çà et là, ils ne sont que de simples motifs dans le paysage, des traits dans le grand tableau. Le châtelain n'est plus le maître : que lui servirait donc de donner à sa demeure une position dominatrice? Il lui vaut mieux une solitude où il puisse jouir de la nature en paix.

C'est que, depuis le moyen âge, village et château ne constituent plus un petit monde à part ; de gré ou de force, ils sont entrés dans un monde plus grand, dans une société où les luttes ont plus d'ampleur, où les progrès ont une portée bien autrement grande. Le petit royaume dont le seigneur était le maître ab solu n'est plus maintenant qu'un simple district, et le descendant des anciens barons n'a plus que faire du glaive rouillé de ses ancêtres. Peut-être essaye-t-il encore de garder quelques-uns des privilèges apparents ou réels qui lui restent de la puissance de ses pères ; peut-être, se résignant à son rôle de sujet ou de citoyen, rentre-t-il simplement dans la foule. En tout cas, c'est à d'autres, peuples ou rois, qu'ont servi combats et conquêtes de ses aïeux. Que ceux-ci, pendant de longues guerres contre les montagnards, aient réussi à les forcer dans leurs retraites, et qu'ils aient reporté jusqu'aux crêtes neigeuses la frontière de leur domaine, eux, à leur tour, ont eu à recevoir la visite de quelque envahisseur, et la limite qu'ils avaient donnée à leurs possessions se perd dans l'immense pourtour d'un puissant empire.

Un nom bizarre, qui se retrouve en maints endroits dans les montagnes, m'a fait songer aux choses du passé. Dans un ravin, plissement léger du sol, brille de loin, comme un petit diamant mobile, une source qui serait à peine visible, si le soleil, d'un rayon, n'en révélait l'existence. Je m'en approche, des feuilles de cresson ploient et se redressent tour à tour sous la goutte argentine qui passe; autour frémissent quelques oiseaux, et l'herbe, qui baigne ses racines dans l'eau cachée, darde ses tiges vertes et ses fleurettes bien au-dessus du gazon flétri des pâturages. Cette petite nappe de verdure que discernent de loin les bergers sur le front gris et comme brûlé du versant de la montagne, c'est la « Fontaine des trois Seigneurs ».

Pourquoi cette étrange appellation ? Comment une source aussi peu abondante a-t-elle ainsi pris le nom de trois potentats ? La légende des montagnes nous dit qu'à une époque déjà très ancienne, du temps où des châteaux forts entourés de fossés se dressaient sur tous les promontoires des défilés, trois comtes qui, par hasard, n'étaient point en guerre, se rencontrèrent à la chasse dans le voisinage de la fontanelle. Ils étaient fatigués de leur longue course à la poursuite de sangliers ou de cerfs, et la sueur découlait sur leurs fronts. La tourbe de leurs valets, empressés autour d'eux, leur offrait à l'envi le vin et l'hydromel ; mais le petit filet d'eau sourdant de la fente du rocher leur sembla plus agréable à boire que toutes ces liqueurs versées dans les aiguières d'argent. L'un après l'autre, ils se penchèrent sur le petit bassin de la source, écartèrent de la main les herbes flottant à la surface de l'eau et burent à même comme de simples pâtres ou comme des faons de la montagne. Puis ils se regardèrent, se tendirent la main d'amitié et, se couchant sur le gazon, se mirent à deviser joyeusement. Le temps était beau, le soleil était déjà penché vers l'horizon, quelques nuages épars jetaient de grandes ombres sur les moissons jaunissantes des plaines ; de légères fumées s'élevaient çà et là des villages. Les trois compères se sentaient en belle humeur. Jusque-là, leurs vastes domaines n'avaient pas eu de limites précises dans la montagne ; ils décidèrent que, désormais, la source qui les avait désaltérés de son filet d'eau glacée serait le point de séparation des comtés. L'un devait suivre la rive droite, l'autre la rive gauche du ruisselet ; le troisième devait occuper toute la croupe qui s'étend de la source au sommet voisin, et de là sur le versant opposé. En foi du traité qu'ils venaient de conclure, les trois seigneurs remplirent leur main droite de quelques gouttelettes de la fontaine, et chacun en aspergea le gazon de son domaine.

Mais, hélas! les beaux jours ne durent pas et les nobles comtes ne sont pas toujours souriants et bons camarades. Les trois amis se brouillèrent, la guerre éclata. Vassaux, bourgeois et paysans s'égorgèrent dans les forêts et ravins pour changer de place la borne des trois comtés. La plaine fut dévastée et, pendant plusieurs générations, des torrents de sang coulèrent pour la possession de cette goutte d'eau qui sourd là-haut sur les paisibles hauteurs. Enfin, la paix est faite, et si la guerre recommence, ce n'est plus entre les trois barons ni pour la conquête d'une simple fontaine, mais entre de puissants souverains et pour la possession d'immenses territoires avec des montagnes, des forêts, des fleuves et des villes populeuses. Ce ne sont pas non plus quelques bandes mal armées qui s'entre-massacrent, ce sont des centaines de mille hommes, pourvus des moyens de destruction les plus scientifiques, qui se heurtent et s'entre-tuent. Sans doute, l'humanité progresse, mais, à la vue de ces effroyables conflits, on se prend quelquefois à douter!

Combien, semble-t-il alors, combien sont heureuses les populations retirées dans les vallées hautes qui n'ont jamais eu à souffrir de la guerre, ou qui, du moins, en dépit du flux et du reflux des armées en marche, ont fini par sauvegarder leur indépendance première! Maints peuples de montagnards, protégés par leurs énormes massifs de montagnes reliés les uns aux autres, ont eu ce bonheur de rester libres. Ils le savent; ce n'est point seulement à l'héroïsme de leurs cœurs, à la force de leurs bras, à l'union de leurs volontés, qu'ils doivent de n'avoir point été asservis par de puissants voisins. C'est aussi à leurs grandes Alpes qu'il leur faut rendre grâces; ce sont là les fermes colonnes qui ont défendu l'entrée de leur temple.

# CHAPITRE XVIII

## LE CRÉTIN

A côté de ces hommes forts, de ces vaillants à la poitrine solide, au regard perçant, qui gravissent les rochers d'un pas ferme, se traînent de hideuses masses de chair vivante, les crétins à goîtres pendants. Encore, parmi ces masses, en est-il beaucoup qui ne peuvent même se traîner ; elles sont là, assises sur des chaises fétides, balançant de côté et d'autre leur torse et leur tête, laissant couler la bave sur leurs haillons gluants. Ces êtres ne savent pas marcher ; il en est qui n'ont pas encore su acquérir l'art primordial de porter la nourriture à la bouche. On leur donne la pâtée, on les gorge, et, quand ils sentent que la nourriture ingérée descend dans l'estomac, ils poussent un petit grognement de satisfaction. Voilà les derniers représentants de cette humanité, « ceux dont le visage a été créé pour regarder les astres ! » Que d'intervalles franchis entre la tête idéale de l'Apollon Pythien et celle du pauvre crétin aux yeux sans regard et au rictus difforme ! Bien plus belle est la tête du reptile, car celle-ci ressemble à son type, et nous ne nous attendons pas à la voir autrement, tandis que la figure de l'idiot est une forme hideusement dégénérée ; nous apercevons de loin ce qui paraît être un homme, et l'intelligence de l'animal ne se montre même pas dans ces traits discordants !

Pour comble d'horreur, les sentiments rudimentaires qui se révèlent dans cet être malheureux ne sont pas toujours bons. Quelques crétins sont méchants. Ceux-là grincent des dents, poussent des rugissements féroces, font des gestes de colère avec leurs bras malhabiles; ils frappent le sol de leurs pieds, et, si on les laissait faire, ils dévoreraient la chair et boiraient le sang de ceux qui les soignent avec dévouement. Qu'importe cette rage aux naïfs et bons montagnards ? Ils n'en ont pas moins donné aux pauvres idiots les noms de « crétins », de « crestias » ou « d'innocents », dans la pensée que ces êtres, incapables de raisonner leurs actes et d'arriver à la compréhension du mal, jouissent du privilège de n'avoir aucun péché sur la conscience. Chrétiens dès leur berceau, ils ne sauraient manquer de monter droit au ciel. C'est ainsi que, dans les pays musulmans, la foule se prosterne devant les fous et les hallucinés, et que l'on se glorifie d'être atteint par leurs crachats ou leurs excréments. Puisque, sous une forme humaine, ils vivent en dehors de l'humanité, c'est que sans doute ils font un rêve divin.

D'ailleurs, parmi ces malheureux, il en est aussi de vraiment bons, aimant, dans leur cercle étroit, à faire le bien. Un jour, j'étais descendu dans la vallée pour remonter de l'autre côté sur un plateau de pâturages, au milieu duquel j'avais vu de loin les eaux d'un petit lac. Sans m'arrêter, j'avais dépassé une petite hutte humide, environnée de quelques aulnes, et, d'un pas délibéré, je suivais un sentier vaguement indiqué par les pas des animaux au bord d'une eau rapide. Déjà je me trouvais à plus d'un jet de pierre de la hutte, lorsque j'entendis retentir derrière moi un pas lourd et précipité; en même temps, un souffle guttural, presque un râle, sortait de cet être qui me poursuivait et gagnait sur moi. Je me retournai et je vis une pauvre crétine, dont le goître, ballotté par la course, oscillait pesamment d'une épaule à l'autre épaule. J'eus grand'peine à retenir une expression d'horreur en voyant cette masse humaine s'avancer vers moi, se jetant alternativement de jambe en jambe. Le monstre me fit signe d'attendre, puis s'arrêta devant moi en me regardant fixement de ses yeux hébétés et en me soufflant son râle dans le visage. Avec un geste négatif, elle me montra le défilé dans lequel j'allais m'engager, puis elle joignit les mains, pour me montrer que des rochers à pic barraient le passage. « Là, là! » fit-elle en me désignant un sentier mieux tracé qui s'élève en lacets sur une pente inclinée et gagne un plateau pour contourner l'infranchissable défilé du fond. Quand elle me vit suivre son bon avis et commencer de gravir la pente, elle poussa deux ou trois grognements de satisfaction, m'accompagna du regard pendant quelque temps, puis s'éloigna tranquillement, heureuse d'avoir fait une bonne action. Moins content qu'elle, je l'avoue, je me sentais humilié dans l'âme. Un être disgracié de la nature, horrible, une sorte de chose sans forme et sans nom, n'avait eu de repos qu'elle ne m'eût tiré d'un mauvais pas; et moi, l'un de ces hommes fiers, moi qui savais être doué par la nature d'une certaine raison et qui en étais arrivé au sentiment de responsabilité morale, combien de fois n'avais-je pas laissé, sans rien leur dire, d'autres hommes, et même ceux que j'appelais amis, s'engager en des passages bien autrement redoutables qu'un défilé de montagnes? L'idiote, la goîtreuse, m'avait enseigné le devoir. Ainsi, même dans ce qui me semblait au-dessous de l'humanité, je retrouvais la bienveillance si souvent absente chez ceux qui se disent les grands et les forts. Aucun être n'est assez bas pour tomber au-dessous de l'amour et même du respect. Qui donc a raison, de l'antique Spartiate qui jetait dans un gouffre les enfants mal venus, ou bien de la mère qui, tout en pleurant, allaite et caresse son fils idiot et difforme? Certes, nul n'osera donner tort aux mères qui luttent contre toute espérance pour arracher leurs enfants à la mort; mais il faut que la société vienne au secours de ces malheureux, par la science et l'affection, pour guérir ceux qui sont guérissables, donner tout le bonheur possible à ceux dont l'état est sans espoir, et veiller à ce que la pratique de l'hygiène et la compréhension des lois physiologiques réduisent de plus en plus le nombre de pareilles naissances.

Une éducation suivie peut dégrossir ces lourdes natures, et lorsque à l'affection de la mère succède la sollicitude d'un compagnon qui réussit à faire accomplir quelque travail grossier au pauvre innocent, celui-ci se développe peu à peu et finit par avoir sur son visage comme un reflet d'intelligence. Parmi les innombrables tableaux qui se sont gravés dans ma mémoire lorsque je parcourais la montagne, j'en retrouve un qui me touche et m'émeut encore après de longues années. C'était le soir, vers les derniers jours de l'été. Les prairies de la vallée venaient d'être fauchées pour la seconde fois, et j'apercevais de petites meules de foin éparses dont le vent m'apportait la douce odeur. Je cheminais dans une route sinueuse, jouissant de la fraîcheur du soir, de la senteur des herbes, de la beauté des cimes éclairées par le soleil couchant. Tout à coup, à un détour du chemin, je me trouvai en présence d'un groupe singulier. Un crétin goîtreux était attelé par des cordes à une espèce de char rempli de foin. Il traînait sans peine le lourd véhicule, ne voyant ni les fondrières, ni les gros blocs épars, tirant comme une force aveugle. Mais il avait à côté de lui son petit frère, enfant gracieux et souple, au visage tout en regard et en sourire; c'était lui qui voyait et pensait pour le monstre. D'un signe, d'un attouchement, il le faisait obliquer à droite ou à gauche pour éviter les obstacles, il précipitait ou ralentissait sa marche; il formait avec lui un attelage dont il était l'âme et dont l'autre était le corps. Quand ils passèrent près de moi, l'enfant me salua d'un geste aimable, et, poussant Caliban du coude, lui fit ôter sa casquette et tourner vers moi ses yeux sans pensée. Il me sembla pourtant y voir poindre comme une lueur d'un sentiment humain de respect et d'amitié. Et moi je saluai, avec une sorte de vénération, ce groupe, ce groupe touchant, symbole de l'humanité en marche vers l'avenir.

Laissé à lui-même et ne jouissant que des lumières d'un instinct animal, le crétin peut accomplir quelquefois des choses qui seraient au-dessus de la force d'un homme intelligent et plein de la conscience de sa valeur. Souvent mon compagnon le berger me racontait la chute qu'il avait faite dans une crevasse de glacier, et, quand il en parlait, l'effroi se peignait encore sur sa figure. Il était assis sur un talus, près du bord d'un glacier, lorsqu'une pierre, en s'écroulant, lui fit perdre son équilibre, et, sans qu'il pût se retenir, il glissa dans une fissure béante qui s'ouvrait entre le roc et la masse compacte des glaces; tout à coup, il se trouva comme au fond d'un puits, apercevant à peine un reflet de la lumière du ciel. Il était étourdi, contusionné, mais ses membres n'étaient point rompus. Poussé par l'instinct de la conservation, il put s'accrocher à la paroi du rocher et monter, de saillie en saillie, jusqu'à quelques mètres de l'ouverture ; il revoyait le soleil, les pâturages, les brebis et son chien, qui le regardait avec des yeux fervents. Mais, arrivé à ce rebord, le berger ne pouvait plus monter ; au-dessus, la roche était lisse partout et ne laissait aucune prise à la main. L'animal était aussi désespéré que son maître ; se jetant, de çà et de là, au bord du précipice, il poussa quelques aboiements courts, puis, soudain, partit comme une flèche dans la direction de la vallée. Le berger n'avait plus rien à craindre. Il savait que le bon chien allait chercher du secours et que bientôt il reviendrait accompagné de pâtres portant des cordes. Néanmoins, pendant la période d'attente, il passa par d'horribles angoisses de désespoir : il lui semblait que la bête fidèle ne serait jamais de retour ; il se voyait déjà mourir de faim sur son rocher et se demandait avec horreur si les aigles ne viendraient pas lui arracher des lambeaux de chair avant qu'il fût tout à fait mort. Et pourtant il se rappelait parfaitement comment, dans un cas semblable, un « innocent » s'était conduit. Étant tombé au fond d'une crevasse, d'où il lui était impossible de remonter, le crétin ne s'était pas consumé en efforts inutiles; il attendit avec patience, frappant le sol de ses pieds afin d'entretenir la chaleur animale, et patienta ainsi tout un soir, puis toute une nuit, puis une moitié de la journée suivante. Alors, ayant entendu crier son nom par ceux qui le cherchaient, il répondit, et bientôt après il fut retiré du gouffre. Il ne se plaignit que d'avoir eu grand froid.

Mais, quels que soient, hélas! les privilèges et les immunités du crétin, quoique le malheureux n'ait pas à craindre les soucis et les déceptions de l'homme qui se fraye à lui-même son chemin dans la vie, il n'en faut pas moins tenter d'arracher le crétin à son « innocence » et à ses maladies dégoûtantes pour lui donner, en même temps que la force du corps, le sentiment de sa propre responsabilité morale. Il faut le faire entrer dans la société des hommes libres, et, pour le guérir et le relever, il faut connaître d'abord quelles ont été les causes de sa dégénérescence. Des savants, penchés sur leurs cornues ou sur leurs livres, apportent des opinions diverses; les uns disent que la difformité du goître provient surtout du manque d'iode dans l'eau de boisson, et que, par le croisement, la difformité morale finit par s'ajouter à celle du corps; les autres croient plutôt que goître et crétinisme proviennent de ce que l'eau descendue des neiges n'a pas eu le temps de s'agiter et de s'aérer suffisamment, lorsqu'elle arrive devant le village, ou bien qu'elle a passé sur des roches contenant de la magnésie. Il est certain qu'une eau mauvaise peut souvent contribuer à faire naître et à développer les maladies: mais est-ce là tout?

Il suffit d'entrer dans une de ces cabanes où naissent et végètent les idiots pour voir qu'il est encore d'autres causes à leur situation lamentable. Le réduit est sombre et fumeux; les bahuts, la table et les poutres, sont rongés de vers; dans les recoins, où ne peut complètement pénétrer le regard, on entrevoit des formes indécises couvertes de crasse et de toiles d'araignées. La terre qui tient lieu de plancher reste constamment humide et comme visqueuse, à cause de tous les débris et des eaux impures qui l'engraissent. L'air qu'on respire dans cet espace étroit est âcre et fétide. On y sent à la fois les odeurs de la fumée, du lard rance, du pain moisi, du bois vermoulu, du linge sale, des émanations humaines. La nuit, toutes les issues sont fermées pour empêcher le froid du dehors de pénétrer dans la chambre; vieillards, père, mère, enfants, tous dorment dans une espèce d'armoire à étages dont les rideaux sont fermés pendant le jour, où, pendant le sommeil des nuits, s'accumule un air épais bien plus impur encore que celui du reste de la cabane. Ce n'est pas tout : durant les froids de l'hiver, la famille, afin d'avoir plus chaud, émigre du rez-de-chaussée et descend dans la cave, qui sert en même temps d'écurie. D'un côté sont les animaux couchant sur la paille souillée, de l'autre sont les hommes et les femmes gîtant sous leurs draps noircis. Une rigole à purin sépare les deux groupes de vertébrés mammifères, mais l'air respirable leur est commun; encore cet air, pénétrant par d'étroits soupiraux, ne peut-il se renouveler pendant des semaines entières, à cause des neiges qui recouvrent le sol; il faut y creuser des espèces de cheminées, à travers lesquelles ne descend qu'un blafard reflet du jour. Dans ces caves, le jour lui-même ressemble à une nuit du pôle.

Est-il étonnant qu'en de pareilles demeures naissent des enfants scrofuleux, rachitiques, contrefaits? Dès la première semaine, nombre de nouveau-nés sont secoués par de terribles convulsions auxquelles la plupart succombent; dans certains pays, les mères s'attendent si bien à la mort de leurs enfants, qu'elles ne les croient pas encore nés tant qu'ils n'ont pas franchi le redoutable défilé de la « maladie des cinq jours ». Combien aussi, parmi ceux qui en réchappent, en est-il qui vivent seulement d'une vie de maladie et de démence? Autant l'air environnant de la libre montagne et le travail au dehors sont excellents pour développer la force et l'adresse de l'homme valide, autant l'espace étroit et l'ombre humide de la cabane contribuent à empirer l'état du goîtreux et du crétin. A côté d'un frère qui devient le plus beau et le plus fort des jeunes gens, se traîne un autre frère, sorte d'excroissance charnue horriblement vivante!

En maints endroits déjà, on a songé à bâtir des hospices pour ces malheureux. Rien ne manque dans ces nouvelles demeures. L'air pur y circule librement, le soleil en éclaire toutes les salles, l'eau y est pure et saine, tous les meubles et surtout les lits sont d'une exquise propreté ; les « innocents » ont des surveillants qui les soignent comme des nourrices, et des professeurs qui tâchent de faire entrer un rayon de lumière intellectuelle dans leur dur cerveau. Souvent ils réussissent, et le crétin peut naître graduellement à une vie supérieure. Mais ce n'est pas tant à réparer le mal déjà survenu qu'il importe de travailler, c'est à le prévenir. Ces huttes infectes, si pittoresques parfois dans le paysage, doivent disparaître pour faire place à des maisons commodes et saines ; l'air, la lumière, doivent entrer librement dans toutes les habitations de l'homme ; une bonne hygiène du corps, aussi bien qu'une parfaite dignité morale, doivent être observées partout. A ce prix, les montagnards achèteront en quelques générations une immunité complète de toutes ces maladies qui dégradent maintenant un si grand nombre d'entre eux. Alors les habitants seront dignes du milieu qui les entoure; ils pourront contempler avec satisfaction les hauts sommets neigeux et dire comme les anciens Grecs : « Voilà nos ancêtres, et nous leur ressemblons. »

# CHAPITRE XIX

### L'ADORATION DES MONTAGNES

L'adoration de la nature existe encore parmi nous, beaucoup plus vivace qu'on ne le croit. Combien de fois un paysan, en découvrant sa tête, m'a montré le soleil du doigt et m'a dit avec solennité : « C'est là notre Dieu ! » Et moi aussi, le dirai-je ? combien de fois, à la vue des cimes augustes qui trônent au-dessus des vallées et des plaines, n'ai-je pas été naïvement tenté de les appeler divines !

Un jour je cheminais paisiblement dans un défilé penchant et tout obstrué de pierres roulantes. Le vent s'engouffrait dans le passage et me fouettait la figure, en apportant à chaque bouffée un brouillard de pluie et de neige à demi fondue. Un voile grisâtre me cachait les rochers ; çà et là seulement j'entrevoyais, dans le vague, des masses noires et menaçantes qui, suivant l'épaisseur de la brume, semblaient tour à tour s'éloigner et s'approcher de moi. J'étais transi, triste, maussade. Tout à coup une lueur, reflétée par les innombrables gouttelettes de l'air, me fit lever les yeux. Au-dessus de ma tête, la nue d'eau et de neige s'était déchirée. Le ciel bleu se montrait rayonnant, et là-haut, dans cet azur, apparaissait le front serein de la montagne. Ses neiges, brodées d'arêtes de rochers comme par de fines arabesques, brillaient avec l'éclat de l'argent, et le soleil les bordait d'une ligne d'or. Les contours de la cime étaient purs et précis comme ceux d'une statue se dressant lumineuse dans l'ombre ; mais la pyramide superbe semblait être complètement détachée de la terre. Tranquille et forte, immuable dans son repos, on eût dit qu'elle planait dans le ciel ; elle appartenait à un autre monde que cette lourde planète enveloppée de nuages et de brumes comme de haillons sordides. Dans cette apparition, je crus voir plus que le séjour du bonheur, plus même que l'Olympe, séjour des immortels ! Mais un nuage méchant vint soudain fermer l'issue par laquelle j'avais contemplé la montagne. Je me retrouvai de nouveau dans le vent, la brume et la pluie ; je me consolai en disant : « Un Dieu m'est apparu ! »

A l'origine des temps historiques, tous les peuples, enfants aux mille têtes naïves, regardaient ainsi vers les montagnes ; ils y voyaient les divinités, ou du moins leur trône, se montrant et se cachant tour à tour sous le voile changeant des nuages. C'est à ces montagnes qu'ils rattachaient presque tous l'origine de leur race ; ils y plaçaient le siège de leurs traditions et de leurs légendes ; ils y contemplaient aussi dans l'avenir la réalisation de leurs ambitions et de leurs rêves ; c'est de là que devait toujours descendre le sauveur, l'ange de la gloire ou de la liberté. Si important était le rôle des hautes cimes dans la vie des nations, que l'on pourrait raconter l'histoire de l'humanité par le culte des monts ; ce sont comme de grandes bornes d'étapes placées de distance en distance sur le chemin des peuples en marche.

C'est dans les vallées des grands monts de l'Asie centrale, disent les savants, que ceux de nos ancêtres auxquels nous devons nos langues européennes arrivèrent à se constituer pour la première fois en tribus policées, et c'est à la base méridionale des plus hauts massifs du monde entier que vivent les Hindous, ceux des Aryens auxquels leur antique civilisation donne une sorte de droit d'aînesse. Leurs vieux chants nous disent avec quel sentiment d'adoration ils célébraient ces « quatre-vingt-quatre mille montagnes d'or » qu'ils voient se dresser dans la lumière, au-dessus des forêts et des plaines. Pour des multitudes d'entre eux, les grandes montagnes de l'Himalaya, aux têtes neigeuses, aux grands ruissellements de glace, sont les dieux eux-mêmes, jouissant de leur force et de leur majesté. Le Gaourisankar, dont la pointe perce le ciel, et le Tchamalari, moins haut, mais plus colossal en apparence par son isolement, sont doublement adorés, comme la Grande Déesse unie au Grand Dieu. Ces glaces sont le lit de cristaux et de diamants, ces nuages de pourpre et d'or sont le voile sacré qui l'entoure. Là-haut est le dieu Siva, qui détruit et qui crée; là aussi est la déesse Chama, la Gauri, qui conçoit et qui enfante. D'elle descendent les fleuves, les plantes, les animaux et les hommes.

Dans cette prodigieuse forêt des épopées et des traditions indoues ont germé bien d'autres légendes relatives aux montagnes de l'Himalaya, et toutes nous les montrent vivant d'une vie sublime, soit comme déesses, soit comme mères des continents et des peuples. Telle est la poétique légende qui nous fait voir dans la terre habitable une grande fleur de lotus dont les feuilles sont les péninsules étalées sur l'Océan, et dont les étamines et les pistils sont les montagnes du Mérou, génératrices de toute vie. Les glaciers, les torrents, les fleuves qui descendent des hauteurs pour aller porter sur les terres des alluvions bienfaisantes, sont eux aussi des êtres animés, des dieux et des déesses secondaires qui mettent les humbles mortels des plaines en rapport indirect avec les divinités suprêmes siégeant au-dessus des nuages dans l'espace lumineux.

Non seulement le mont Mérou, ce point

culminant de la planète, mais aussi tous les autres massifs, tous les sommets de l'Inde, étaient adorés par les peuples qui vivent sur leurs pentes et à leur base. Montagnes de Vindyah, de Satpurah, d'Aravalli, de Nilagherry, toutes avaient leurs adorateurs. Dans les terres basses, où les fidèles n'avaient pas de montagnes à contempler, ils se bâtissaient des temples qui, par leurs allées de bizarres pyramides, aux énormes blocs de granit, représentaient les cimes vénérées du mont Mérou. Peut-être est-ce un sentiment analogue d'adoration pour les grands sommets qui porta les anciens Égyptiens à construire les pyramides, montagnes artificielles qui se dressent au-dessus de la surface unie des sables et du limon.

L'île de Ceylan, Lanka « la resplendissante », cette terre bienheureuse où, d'après une légende orientale, les premiers hommes furent envoyés par la miséricorde divine, après leur expulsion du Paradis, élève aussi vers le ciel des montagnes sacrées. Telle, entre autres, est la cime isolée au milieu des plaines, la ville sainte d'Anaradjapoura. C'est le Mihintala. Sur ce roc s'arrêta, il y a vingt-deux siècles, le vol de Mahindo, le convertisseur indou, qui s'était élancé des plaines du Gange pour appeler les Cingalais à la religion de Bouddha. Un temple s'élève aujourd'hui sur le sommet où se posa le pied du saint. Haute, énorme est la pagode, et pourtant l'empressement des pèlerins est tel qu'ils l'ont parfois recouverte en entier, du faîte à la base, d'une robe de fleurs de jasmin. Une escarboucle, couleur de feu, brillait au sommet du monument, renvoyant au loin les rayons du soleil. Jadis un rajah fit déployer, du haut de la montagne aux champs de la plaine, un large tapis de douze kilomètres de longueur, afin que les pieds des fidèles ne fussent pas souillés par le contact avec la terre impure apportée d'un sol profane.

Et pourtant ce mont sacré de Mihintala le cède en gloire au célèbre pic d'Adam, que les marins aperçoivent du milieu des flots, lorsqu'ils approchent de l'île de Ceylan. L'empreinte d'un pied gigantesque, appartenant, semble-t-il, à un homme haut de dix mètres, est creusée dans la roche, sur la pointe terminale de la cime. Cette empreinte, disent les mahométans et les juifs, est celle d'Adam, le premier homme, qui monta sur le pic pour contempler l'immense terre, les vastes forêts, les monts et les plaines, les rivages et le grand Océan, avec ses îles et ses écueils. D'après les Cingalais et les Indous, ce n'est point le pied d'un homme, mais bien celui d'un dieu, qui a laissé cette trace de son passage. Ce dieu dominateur, c'était Siva, nous disent les brahmanes; c'était Bouddha, affirment les bouddhistes; Jéhovah, écrivent les gnostiques des premiers siècles chrétiens. Lorsque les Portugais débarquèrent en conquérants dans l'île de Ceylan, ils dégradèrent pour ainsi dire la montagne, qui, dans leur pensée, ne pouvait se comparer à celle de la Terre Sainte; ils ne virent plus dans l'empreinte mystérieuse que la marque du pied de saint Thomas, ou d'un ancien convertisseur, apôtre secondaire, l'eunuque de Candace. Moins respectueux encore, un Arménien, Moïse de Chorène, jaloux pour sa noble montagne d'Ararat, ne voit sur le sommet du pic d'Adam que la trace du pied de Satan, l'éternel ennemi. Enfin, les voyageurs anglais qui, de plus en plus nombreux, font chaque année l'ascension de la sainte montagne, ne voient, dans la « divine empreinte », qu'un trou vulgaire agrandi et grossièrement sculpté en creux. Mais aussi, de quel mépris ces étrangers sont-ils couverts par les pèlerins convaincus qui vont se prosterner sur la cime, baiser dévotement la trace du pied, et déposer leurs offrandes dans la maison du prêtre ! Tout leur semble témoigner de l'authenticité du miracle. A quelques mètres au-dessous de la cime jaillit une petite source : c'est le bâton du dieu qui l'a fait s'élancer du sol. Des arbres en foule croissent sur les pentes, et ces arbres, ils le voient ainsi du moins, inclinent tous leurs branchages vers le sommet pour végéter et grandir en l'adorant. Les roches du mont sont parsemées de pierres précieuses : ce sont les larmes qui se sont échappées des yeux d'un dieu à la vue des crimes et des souffrances des hommes. Comment ne croiraient-ils pas au prodige, en voyant toutes ces richesses qui ont donné naissance aux récits fabuleux des *Mille et une Nuits?* Les ruisseaux qui s'épanchent de la montagne ne roulent point, comme nos torrents, des cailloux et du sable vulgaire; ils entraînent avec eux de la poussière de rubis, de saphirs, de grenats; le baigneur qui se trempe dans leurs flots se roule, comme les sirènes, dans un sable de pierres précieuses.

Les races de l'extrême Orient, dont la civilisation a suivi une autre marche que celle de la race aryenne, ont également adoré leurs montagnes. En Chine et au Japon, aussi bien que dans l'Inde, les hauts sommets portent des temples consacrés aux dieux, quand ils ne sont pas eux-mêmes regardés comme des génies tutélaires ou vengeurs. C'est à ces montagnes divines que les peuples cherchent à rattacher leur histoire par les traditions et les légendes.

Les plus anciennes montagnes historiques sont celles de la Chine, car le peuple du « milieu » est l'un des premiers qui soient arrivés à la conscience d'eux-mêmes, le premier qui ait écrit sa propre histoire d'une manière continue. Ses monts sacrés, au nombre de cinq, s'élèvent tous en des contrées célèbres par leur agriculture, leur industrie, les populations qui se pressent à leur base, les événements qui se sont accomplis dans le voisinage. La plus sainte de ces montagnes, le Tai-Chan, domine toutes les autres cimes de la riche péninsule de Chan-Toung, entre les deux golfes de la mer Jaune. Du sommet, où l'on arrive par une route pavée et des escaliers taillés dans le roc, on voit, étendues à ses pieds, les riches plaines que traverse le Hoang-Ho, coulant tantôt vers l'un, tantôt vers l'autre golfe, abreuvant de ses eaux des multitudes d'hommes plus nombreux que les épis d'un champ. L'empereur Choung y monta il y a quatre cent trente ans, ainsi que le rappellent les annales classiques du pays; Confucius essaya de le gravir aussi, mais la montée est rude, le philosophe dut s'arrêter, et l'on montre encore l'endroit où il reprit le chemin de la plaine. Tous les grands dieux et les principaux génies ont leurs temples et leurs oratoires sur la sainte montagne ; de même aussi les Nuages, le Ciel, la Grande Ourse et l'Étoile Polaire. Les dix mille génies s'y abattent dans leur vol pour contempler la terre et les villes des hommes. « Le mérite du Taï-Chan est égal à celui du ciel. Il est le dominateur de ce monde ; il recueille les nuages et nous envoie les pluies ; il décide des naissances et des morts, de l'infortune et du bonheur, de la gloire et de la honte. De tous les pics qui s'élèvent dans le ciel, nul n'est plus digne d'être visité. » Aussi les pèlerins s'y rendent-ils en foule pour implorer toutes les grâces, et le sentier est bordé de cavernes où gisent des mendiants aux plaies hideuses, l'horreur des passants.

A meilleur droit encore que les Chinois, car leurs montagnes volcaniques sont d'une parfaite beauté de formes, les Japonais regardaient avec adoration vers les sommets neigeux. Est-il idole dans le monde qui puisse se comparer à leur magnifique Fusi-Yama, à la « montagne sans pareille », qui se dresse, presque isolée, au milieu des campagnes, en bas couverte de forêts, neigeuse sur les pentes supérieures ? Jadis, le volcan fumait et crachait des flammes et des laves ; maintenant, il repose : mais n'a-t-il pas, dans l'archipel, nombre de montagnes sœurs qui versent encore des fleuves de feu sur le sol frémissant? Parmi ces monts, il en est un, le plus terrible de tous, que l'on crut devoir fléchir en lui jetant en offrande des milliers de chrétiens. C'est ainsi que, dans le Nouveau-Monde, on aurait tenté de calmer le Monotombo en y précipitant des prêtres qui avaient osé prêcher contre lui, dire qu'il n'était pas un dieu, mais une bouche de l'enfer. D'ailleurs, les volcans n'attendent pas d'ordinaire qu'on leur jette des victimes; ils savent bien les saisir eux-mêmes, quand ils fendent la terre, vomissent des lacs de boue, recouvrent de cendres des provinces entières. Ils font périr d'un coup les populations de tout un pays. N'est-ce pas assez pour les faire adorer de tous ceux qui s'inclinent devant la force? Le volcan dévore, donc il est un dieu!

Ainsi la religion des montagnes, de même que toutes les autres, s'est emparée de l'homme par les divers sentiments de son être. Au pied de la montagne vomissant des laves, c'est la terreur qui l'a prosterné la face contre terre; dans les campagnes altérées, c'est le désir qui l'a fait regarder en suppliant vers les neiges, mères des ruisseaux ; la reconnaissance aussi a fait des adorateurs de ceux qui ont trouvé un refuge assuré dans la vallée ou sur le promontoire escarpé ; enfin, l'admiration devait saisir tous les hommes à mesure que le sentiment du beau se développait en eux, ou même tant qu'il sommeillait à l'état d'instinct. Or, quelle est la montagne qui n'a pas à la fois de beaux aspects et des asiles sûrs, et qui n'est pas ou terrible ou bienfaisante, presque toujours l'une et l'autre en même temps ? Les peuples, se déplaçant de par le monde, pouvaient facilement rattacher toutes leurs traditions à la montagne qui dominait leur horizon et y reporter leur culte. A chaque station de leurs grands voyages se dressait un nouveau temple. Jadis les tribus errantes sur les plateaux de la Perse voyaient toujours, vers le soir, une montagne surgir du milieu des plaines poudreuses : c'était le mont Télesme, le divin « Talisman » qui suivait ses adorateurs dans leurs pérégrinations à travers le monde. Et quand, après une longue migration, la montagne aperçue dans le lointain n'était pas un mirage trompeur, mais un véritable sommet avec neiges et rochers, qui donc aurait pu douter du voyage qu'avait fait le dieu pour accompagner son peuple?

C'est ainsi que la montagne, dont la pointe aurait reçu les réfugiés du déluge, n'a cessé de cheminer à travers les continents. Une version samaritaine du Pentateuque prétend que le pic d'Adam est la cime où s'arrêta l'arche de Noé; les autres versions affirment que l'Ararat est le véritable sommet : mais quel est cet Ararat? Est-ce celui d'Arménie ou toute autre montagne sur laquelle des pâtres auront trouvé quelques débris du vaisseau sacré? De toutes parts, les peuples de l'Orient réclament l'honneur pour la montagne protectrice, dont les eaux arrosent leurs propres champs. C'est là le mont d'où la vie est redescendue sur la terre, en suivant le chemin des neiges et le cours des ruisseaux! Les preuves ne manquaient point d'ailleurs pour établir la vérité de toutes ces traditions. N'avait-on pas trouvé des monceaux de bois pétrifié jusque sous les glaces, et, dans les roches elles-mêmes, n'avait-on pas rencontré les traces rouilleuses de ces « anneaux du déluge » que nos savants modernes disent être des ammonites fossiles? Aussi plus de cent montagnes de la Perse, de la Syrie, de l'Arabie, de l'Asie Mineure, étaient-elles indiquées comme celles où débarqua le patriarche, second père des humains. La Grèce aussi montrait son Parnasse, dont les pierres, lancées sur le limon du déluge, devenaient des hommes. Jusqu'en France il est des montagnes où s'est arrêtée l'arche ; un de ces sommets divins est Chamechande, près de la Grande Chartreuse de Grenoble; un autre est le Puy de Prigue, dominant les sources de l'Aude.

Ainsi, le mythe est constant ; c'est bien des hautes cimes que sont descendus les hommes. C'est aussi de ces escarpements, trône de la divinité, que s'est fait entendre la grande voix disant leurs devoirs aux mortels ! Le Dieu des Juifs siégeait sur la pointe du Sinaï, au milieu des nuées et des éclairs, et parlait par la voix de la foudre au peuple assemblé dans la plaine. De même Baal, Moloch, tous les dieux sanguinaires de ces peuples de l'Orient, apparaissaient à leurs fidèles sur le sommet des monts.

Dans l'Arabie Pétrée, dans les pays d'Edom et de Moab, il n'est pas une seule hauteur, pas une colline, pas un rocher qui ne porte sa grossière pyramide de pierres, autel sur lequel des prêtres versaient le sang pour se rendre leur dieu propice. A Babel, où manquait la montagne, on la remplaça par ce fameux temple qui devait monter jusqu'au ciel. Le poète a reconstruit ce gigantesque édifice, non tel qu'il fut, mais tel que se l'imaginaient les peuples.

> Chacun des plus grands monts à ses flancs de granit
> N'avait pu fournir qu'une pierre.

Dans leur haine jalouse des cultes étrangers, les prophètes juifs maudirent souvent les « hauts lieux » sur lesquels les peuples leurs voisins plaçaient des idoles; mais eux-mêmes n'agissaient point autrement, et c'est vers les montagnes qu'ils regardaient pour en évoquer leurs anges secourables. Leur temple s'élevait sur une montagne; c'est également sur une montagne qu'Elie s'entretenait avec Dieu; lorsque le Galiléen fut transfiguré et plana dans la lumière incréée avec les deux prophètes Moïse et Elie, c'est du Mont-Thabor qu'il s'était enlevé. Quand il mourut entre deux voleurs, c'est au sommet d'une montagne qu'on le crucifia, et quand il reviendra, dit la prophétie, quand il reviendra, entouré des saints et des anges, et qu'il assistera au châtiment de ses ennemis, c'est aussi sur une montagne qu'il descendra; mais le choc de ses pieds suffira pour la briser. Une autre montagne, une cime idéale portant une nouvelle cité d'or et de diamant surgira de l'espace lumineux, et c'est là que vivront à jamais les élus, planant dans les airs sur les joyeuses cimes, bien au-dessus de cette terre de malheurs et d'ennuis!

# CHAPITRE XX

## L'OLYMPE ET LES DIEUX

De même que la gloire de l'imperceptible Grèce dépasse en éclat celle de tous les empires de l'Orient, de même l'Olympe, la plus haute et la plus belle des montagnes sacrées des Hellènes, est devenue dans l'imagination des peuples le mont par excellence; aucun sommet, ni celui du Mérou, ni ceux de l'Elbourz, de l'Ararat, du Liban, ne réveille dans l'esprit des hommes les mêmes souvenirs de grandeur et de majesté. Bien peu, du reste, étaient plus admirablement situés pour frapper le regard, servir de signal aux races qui parcouraient le monde. Placé à l'angle de la mer Égée et dominant toutes les cimes voisines de la moitié de sa hauteur, l'Olympe est aperçu par les marins à d'énormes distances. Des plaines de la Macédoine, des riches vallées de la Thessalie, des monts de l'Othrys, du Pinde, du Bermius, de l'Athos, on distingue à l'horizon son triple dôme et ces pentes aux « mille plis » dont parle Homère. La fertilité des campagnes qui s'étendent à sa base appelait de toutes parts les populations, qui venaient s'y rencontrer, soit pour se mélanger diversement, soit pour s'entre-détruire. Enfin l'Olympe commande les défilés que devaient nécessairement suivre les tribus ou les armées en marche, d'Asie en Europe, ou de la Grèce vers les pays barbares du nord ; il s'élève comme une borne milliaire sur le grand chemin que suivaient alors les nations.

Plusieurs autres montagnes du monde hellénique devaient à leurs neiges étincelantes le nom d'Olympe ou de « lumineuse » ; mais nulle ne le méritait mieux que celle de Thessalie, dont la cime servait de trône aux dieux.

C'est que le peuple des Hellènes lui-même avait passé son enfance nationale dans les vallées et les plaines étendues à l'ombre du grand mont. C'est de la Thessalie que venaient les Hellènes de l'Attique et du Péloponèse; c'est là que leurs premiers héros avaient combattu les monstres et que leurs premiers poètes, guidés par la voix des muses Piérides, avaient composé les hymnes et les chants d'allégresse et de victoire. En essaimant vers les contrées lointaines, les tribus grecques se rappelaient la montagne divine qui les avait portés et nourris dans ses vallons.

Presque tous les grands événements de l'histoire mythique s'étaient accomplis dans cette partie de la Grèce, et parmi eux, le plus important, celui qui décida de l'empire du ciel et de la terre. L'Olympe était la citadelle choisie par les nouveaux dieux, et tout autour étaient campées les anciennes divinités, les Titans monstrueux, fils du Chaos. Debout sur les monts Othrys, qui se développent au sud en un vaste demi-cercle, les géants saisissaient d'énormes rochers, des montagnes entières, et les lançaient contre l'Olympe à demi déraciné. Pour se dresser plus haut dans le ciel, les vieux Titans entassèrent mont sur mont et s'en firent un piédestal, mais la grande cime neigeuse les dépassait toujours ; elle s'entourait de sombres nuées d'où jaillissait la foudre. Les géants, nourris des forces mêmes de la terre, avaient dans leurs voix les hurlements de l'orage et dans leurs bras la vigueur de la tempête ; de leurs cent bras, ils lançaient au hasard leur grêle de rochers ; mais, contre les jeunes dieux intelligents, ils luttaient avec la fureur aveugle des éléments. Ils succombèrent, et, sous les débris des monts, des peuples entiers furent écrasés avec eux. C'est ainsi que des caprices de rois ont souvent fait massacrer les nations comme par mégarde.

Ces prodigieux combats de l'Olympe avaient cessé depuis de nombreuses générations, lorsque les peuplades ioniennes et doriennes eurent des poètes pour chanter leurs propres exploits et, plus tard, des historiens pour les raconter. Alors Zeus, le père des Dieux et des Hommes, siégeait en paix sur la montagne sacrée ; son trône était posé sur la plus haute cime ; à côté se tenait Héra, la déesse toujours femme et toujours vierge ; à l'entour étaient assis les autres immortels à la face éternellement belle et joyeuse. Un éther lumineux baignait le sommet de l'Olympe et se jouait dans la chevelure des dieux ; jamais les tempêtes ne venaient troubler le repos de ces êtres heureux; ni les pluies, ni les neiges ne tombaient sur la cime éclatante. Les nuées que Zeus assemblait s'enroulaient à ses pieds autour des rochers qui formaient la superbe base de son trône. A travers les interstices de ce voile que les Heures ouvraient et fermaient au gré du maître, celui-ci contemplait la mer et la terre, les cités et les peuples. Sur la tête de ces hommes qui s'agitaient, il suspendait des destins inflexibles, il prononçait la vie ou la mort, distribuait à son caprice la pluie bienfaisante ou la foudre vengeresse. Aucune lamentation venue d'en bas ne troublait les dieux dans leur quiétude éternelle. Leur nectar était toujours délicieux, toujours exquise l'ambroisie. Ils savouraient l'odeur des hécatombes, écoutaient comme une musique le concert des voix suppliantes. Au-dessous d'eux se déroulait comme un spectacle infini le tableau des luttes et de la misère humaine. Ils voyaient s'entre-choquer les armées, les flottes s'engloutir, les villes disparaître en flammes et en fumée, les pauvres laboureurs, mirmidons presque invisibles, s'épuiser de fatigues pour obtenir des récoltes qu'un maître devait leur ravir; jusque sous le toit des demeures, ils voyaient pleurer les femmes et se lamenter les enfants. Au loin, leur ennemi Prométhée gémissait sur un roc du Caucase. Tels étaient les bonheurs des dieux.

Est-ce que jamais un Hellène, berger, prêtre ou roi, osa gravir les pentes de l'Olympe. au-dessus des hauts pâturages de ses vallons et de ses croupes? Un seul se hasarda-t-il, en mettant le pied sur la grande cime, à se trouver tout à coup en présence des terribles dieux? Les écrivains antiques nous disent que des philosophes n'ont pas craint d'escalader l'Etna, pourtant beaucoup plus élevé que l'Olympe; mais ils ne mentionnent aucun mortel qui ait eu l'audace de gravir la montagne des Dieux, même au temps de la science, à l'époque où le philosophe enseignait que Zeus et les autres immortels étaient de pures conceptions de l'esprit humain.

Plus tard, d'autres religions, chez des peuples divers, qui vivent dans les plaines envi ronnantes, s'emparèrent de la sainte montagne et la consacrèrent à de nouvelles divinités. Au lieu de Zeus, les chrétiens grecs y adorèrent la sainte Trinité ; dans ses trois principales cimes, ils voient encore les trois grands trônes du ciel. Un de ses promontoires les plus élevés, qui jadis portait peut-être un temple d'Apollon, est dominé maintenant par un monastère de saint Élie ; un de ses vallons, où les Bacchantes allaient chanter Évohé en l'honneur de Dionysos ou Bacchus, est habité par les moines de saint Denys. Les prêtres ont succédé aux prêtres, et le respect superstitieux des modernes à l'adoration des anciens ; mais peut-être le plus haut sommet est-il, jusqu'à présent, vierge de pas humains ; la douce lumière qui resplendit sur ses rochers et ses neiges n'a encore éclairé personne depuis que les dieux hellènes s'en sont allés.

Il y a peu d'années encore, il eût été difficile à l'Européen d'arriver jusqu'au sommet de la montagne, car les Klephtes hellènes, à l'infaillible balle, en occupaient toutes les gorges ; ils s'y étaient retranchés comme dans une énorme citadelle, et de là, recommençant la lutte des dieux contre les Titans, ils allaient faire leurs expéditions contre les Turcs du mont Ossa. Fiers de leur bravoure, ils se croyaient invincibles comme la montagne qui les portait; ils personnifiaient l'Olympe lui-même. « Je suis, disait un de leurs chants, je suis l'Olympe, illustre de tout temps et célèbre parmi les nations; quarante-deux pics se hérissent sur mon front, soixante-douze fontaines coulent dans mes ravins, et sur ma cime plus haute vient de se poser un aigle tenant dans ses serres la tête d'un vaillant héros! » Cet aigle était, sans doute, celui de l'antique Zeus. Maintenant encore, il se repaît de l'homme qui s'entre-tue.

L'imagination des peuples se donne libre carrière quand il s'agit des dieux qu'elle a créés. Pendant le cours des siècles, elle change leurs noms, leurs attributs et leur puissance, suivant les alternatives de l'histoire, les changements des langues, les variantes individuelles et nationales des traditions; à la fin, elle les fait mourir comme elle les a fait naître, et les remplace par de nouvelles divinités. Il ne lui en coûte donc pas beaucoup de les faire voyager de montagne en montagne. Aussi chaque cime avait-elle son dieu ou même sa pléiade d'êtres célestes. Zeus vivait sur le mont Ida, de même que sur l'Olympe de Grèce, sur ceux de la Crète et de Chypre et sur les rochers d'Égine. Apollon avait sa demeure sur le Parnasse et sur l'Hélicon, sur le Cyllène et sur le Taygète, sur tous les monts épars qui se dressent hors de la mer Égée. Les sommets que venaient dorer les rayons du jour naissant, lorsque les plaines inférieures étaient encore dans l'ombre, devaient être consacrés au dieu du soleil. Aussi, presque toutes les cimes isolées de l'Hellade portent-elles aujourd'hui le nom d'Elias. Le prophète juif, en vertu de son nom, est devenu, par un calembour sacré, l'héritier d'Hélios, fils de Jupiter.

« Voyez ce trône, centre de la terre, » disait Eschyle en parlant de Delphes. En maint autre endroit, suivant la fantaisie du poète, ou l'imagination populaire, se dressait ce pilier central. Pindare le voyait dans l'Etna; les matelots de l'Archipel désignaient le mont Athos, la grande borne que l'on discernait toujours au-dessus des eaux, soit en quittant les rives de l'Asie, soit en naviguant dans les mers de l'Europe. Sur cette montagne, disait-on, le soleil se couchait trois heures plus tard que dans les plaines de sa base, tant elle était haute; elle regardait par-dessus les bornes mêmes de la terre. Lorsque l'Hellade, jadis libre, fut asservie au Macédonien, lorsqu'elle devint la chose d'un maître, il se trouva un flatteur assez vil, un homme assez rampant pour prier Alexandre, qui s'était proclamé dieu, d'employer une armée à transformer le mont Athos en une statue du nouveau fils de Zeus, « plus puissant que son père ». L'œuvre impossible aurait pu tenter un dieu parvenu, fou d'orgueil; pourtant celui-ci n'osa pas l'entreprendre. Les marins qui voguaient au pied de la grande montagne continuèrent d'y voir un ancien dieu, jusqu'au jour où commença un autre cycle de l'histoire, amenant un nouveau culte et de nouvelles divinités. Alors on se raconta que le mont Athos est précisément cette montagne où le diable avait transporté Jésus le Galiléen pour lui montrer tous les royaumes de la terre étendus à ses pieds, l'Europe, l'Asie et les îles de la mer. Les habitants d'Athos le croient encore, et serait-il possible, en effet, de trouver une cime d'où la vue soit, sinon plus vaste, du moins plus belle et plus variée ?

En dehors du monde hellénique où l'imagination populaire était si poétique et si féconde, les peuples voyaient aussi dans leurs montagnes le trône des maîtres du ciel et de la terre. Non seulement les grands sommets des Alpes étaient adorés comme le séjour des dieux et comme des dieux eux-mêmes, mais, jusque dans les plaines du nord de l'Allemagne et du Danemark, de petites collines, qui relèvent leurs croupes au-dessus des landes uniformes, étaient des Olympes non moins vénérés que celui de la Thessalie l'avait été par les Grecs. Même dans la froide Islande, dans cette terre des brumes et des glaces éternelles, les adorateurs des souverains célestes se tournaient vers les montagnes de l'intérieur, croyant y voir les sièges de leurs dieux. Sans doute, s'ils avaient pu gravir jusqu'à la cime les flancs ravinés de leurs volcans, s'ils avaient contemplé l'horreur de ces cratères où les laves et les neiges luttent incessamment, ils n'auraient point songé à faire de ces lieux terribles le séjour enchanté de leurs divinités heureuses. Mais ils ne voyaient les montagnes que de loin ; ils en apercevaient les cimes étincelantes à travers les nuages déchirés, et se les figuraient d'autant plus belles que les plaines de la base étaient plus sauvages et plus difficiles à parcourir. Ces monts, séparés de la terre des humains par des barrières de précipices infranchissables, c'était la cité d'Asgard où, sous un ciel toujours clément, vivaient les dieux joyeux. Ce grand nuage de vapeurs qui s'élevait de la cime de la montagne divine et s'étalait largement dans le ciel, ce n'était point une colonne de cendres, c'était le grand frêne Ygdrasil, à l'ombre duquel se reposaient les maîtres de l'univers.

# CHAPITRE XXI

## LES GÉNIES

Les religions se transforment lentement. Les cultes du monde ancien, éteints en apparence depuis tant de générations, continuent sous les dehors des cultes nouveaux. Souvent les noms des dieux ont été changés, mais l'autel est resté le même. Les attributs de la divinité sont encore ce qu'ils étaient il y a deux mille ans, et la foi qui l'invoque a gardé la « sainte simplicité » de son fanatisme. Dans les vallées sauvages de l'Olympe, où bondissaient les bacchantes échevelées, les moines murmurent maintenant des prières; sur la sainte montagne d'Athos, que les marins de toute race et de toute langue adoraient de la surface des flots murmurants, neuf cent trente-cinq églises s'élèvent en l'honneur de tous les saints; le dieu des chrétiens est devenu l'héritier de Zeus, qui lui-même avait succédé à des dieux plus anciens. De même, à Syracuse, le temple de Minerve, dont les matelots saluaient de loin la lance d'or en versant une coupe de vin dans les eaux, s'est changé en une église de la Vierge. Chaque promontoire marin et, dans l'intérieur des terres, chaque sommet de colline, chaque montagne couronnée d'un temple, a gardé ses adorateurs, tout en changeant son nom. Un voyageur parcourt l'île de Chypre à la recherche d'un temple de Vénus Aphrodite. « Nous ne l'appelons plus Aphrodite, s'écrie avec zèle la femme qu'il interroge, nous l'appelons maintenant la Vierge Chrysopolite! »

Mais les peuples chrétiens n'ont pas seulement continué de vénérer les montagnes saintes des Romains et des Grecs, ils ont étendu ce culte à leur manière dans toutes les contrées qu'ils habitent. De même que nos aïeux des temps légendaires, nos ancêtres plus rapprochés, qui vivaient au moyen âge, ne pouvaient contempler la montagne sans que leur imagination ne fît vivre des êtres supérieurs dans les vallées mystérieuses et sur les sommets rayonnants. Il est vrai que ces êtres n'avaient pas droit au titre de dieux; maudits par l'Église, ils se transformaient en diables, en démons malfaisants, ou bien, tolérés par elle, ils devenaient des génies tutélaires, des dieux de contrebande, invoqués seulement à la dérobée.

Jupiter, Apollon, Vénus, étaient descendus de leurs trônes, ils s'étaient réfugiés dans le fond des antres; eux dont les faces augustes avaient rayonné dans la lumière, étaient condamnés à vivre désormais dans les ténèbres des cavernes. Les fêtes de l'Olympe s'étaient transformées en sabbats où les sorcières hideuses allaient, à cheval sur un balai, évoquer le diable pendant les nuits d'orage. D'ailleurs, le froid climat, le ciel nuageux de nos contrées du nord devaient contribuer aussi pour une forte part à la réclusion des anciens dieux. Comment auraient-ils pu, sous le vent et la neige, au milieu des tourmentes, continuer leurs banquets joyeux, savourer l'ambroisie et jouer de la lyre d'or? A peine pouvait-on rêver leur présence dans ces palais fantastiques, construits en un instant par les rayons du soleil sur les cimes resplendissantes et disparaissant non moins vite, comme des rêves ou de vains mirages!

Dieux et génies sont les personnifications de ce que l'homme redoute et de ce qu'il désire. Toutes ses terreurs, toutes ses passions prenaient jadis une forme surnaturelle. Aussi, parmi les esprits de la montagne, les uns sont-ils de redoutables magiciens qui brûlent l'herbe des pâturages, tuent le bétail, jettent un sort aux passants; les autres, au contraire, sont des êtres bienveillants dont une jatte de lait répandue ou même une simple incantation concilie les faveurs. C'est au bon génie que s'adresse le berger pour que ses troupeaux s'accroissent d'agneaux vigoureux et de génisses sans tache. C'est à lui surtout que jeunes et vieux, hommes et femmes, demandent ce qui malheureusement serait pour presque tous la joie suprême de la vie, de l'or, des richesses, un trésor. De vieilles traditions nous racontent comment les génies de la montagne se glissent dans les veines de la pierre, pour y insérer les cristaux et le métal, pour y mélanger diversement les terres et les minerais. D'autres légendes disent comment et à quelle heure il faut frapper la pierre sacrée qui recouvre les richesses, quels signes on doit faire, quelles syllabes étranges on doit prononcer. Mais qu'un seul oubli se commette, qu'un son prenne la place d'un autre, et toutes les formules d'incantation sont vaines!

J'ai vu d'énormes fouilles entreprises par les montagnards au sommet d'une pointe de rochers cachée par les neiges pendant neuf mois de l'année. Cette pointe était consacrée à un saint qui, lui-même, avait succédé, comme protecteur du mont, à un dieu païen. Chaque été, les chercheurs de trésors revenaient creuser la cime en se servant des mots et des gestes sacramentels. Ils ne trouvaient que des feuillets de schiste sous d'autres feuillets semblables; mais, sans se lasser, quelque avide piocheur continuait son œuvre, essayant d'évoquer le génie par une nouvelle formule, par un cri victorieux.

Plus intéressants que ces dieux gardeurs de trésors sont ceux qui, dans les cavernes de la montagne, sont chargés de conserver le génie de toute une race. Cachés dans l'épaisseur de la roche, ils représentent le peuple tout entier, avec ses traditions, son histoire, son avenir. Aussi vieux que le mont, ils dureront aussi longtemps que lui, et, tant qu'ils vivront eux-mêmes, vivra la race dont les groupes sont épars dans les vallées environnantes. C'est le génie qui, dans sa pensée profonde, concentre tous les agissements, tous les flux et reflux de la nation qui s'agite à ses pieds. Ainsi les Basques regardent avec orgueil vers le pic d'Anie où se cache leur dieu, inconnu des prêtres, mais d'autant plus vivant. « Tant qu'il sera là, disent-ils, nous y serons aussi ! » Et volontiers ils se croiraient éternels, eux dont la langue disparaîtra demain !

Au même ordre d'idées populaires appartiennent les légendes de ces guerriers ou prophètes qui, pendant des siècles, attendent un grand jour, cachés dans quelque grotte profonde d'une montagne. Tel est le mythe de cet empereur allemand qui rêvait, accoudé sur une table de pierre, et dont la barbe blanche, croissant toujours, avait poussé jusque dans le rocher. Quelquefois un chasseur, un bandit peut-être, pénétrait dans la caverne et troublait le songe du puissant vieillard. Celui-ci soulevait lentement la tête, faisait une question à l'homme tremblant, puis reprenait son rêve interrompu. « Pas encore ! » soupirait-il. Qu'attendait-il donc pour mourir en paix ? Sans doute, l'écho de quelque grande bataille, l'odeur d'un fleuve de sang humain, un immense égorgement en l'honneur de son empire. Ah ! puisse cette dernière bataille avoir été déjà livrée, et que le sinistre empereur ne soit plus maintenant qu'un monceau de cendres !

Combien plus touchante et plus belle est la légende des trois Suisses qui, eux aussi, attendent leur grand jour dans l'épaisseur d'une haute montagne des vieux cantons ! Ils sont trois comme les trois qui, dans la prairie de Grütli, jurèrent de se faire libres, et tous les trois portent le nom de Tell, comme celui qui renversa le tyran. Eux aussi sommeillent; ils rêvent; mais ce n'est pas à la gloire qu'ils songent, c'est à la liberté, non pas à la seule liberté suisse, mais à celle de tous les hommes. De temps en temps, l'un d'eux se lève pour regarder le monde des lacs et des plaines, mais il revient triste vers ses compagnons. « Pas encore, » soupire-t-il. Le jour de la grande délivrance n'est pas venu. Toujours esclaves, les peuples n'ont cessé d'adorer les chapeaux de leurs maîtres !

# CHAPITRE XXII

### L'HOMME

Attendons, toutefois, attendons avec confiance; le jour viendra! les dieux s'en vont, emmenant avec eux le cortège des rois, leurs tristes représentants sur la terre. L'homme apprend lentement à parler le langage de la liberté; il apprendra aussi à en pratiquer les mœurs.

Les montagnes qui, du moins, ont le mérite d'être belles, sont au nombre de ces dieux que l'on commence à ne plus adorer. Leurs tonnerres et leurs avalanches ont cessé d'être pour nous les foudres de Jupiter; leurs nuages ne sont plus la robe de Junon. Sans peur désormais, nous abordons les hautes vallées, résidence des dieux ou repaire des génies. Les cimes, jadis redoutées, sont devenues précisément le but de milliers de gravisseurs, qui se sont donné pour tâche de ne pas laisser un seul rocher, un seul champ de glace vierge des pas humains. Déjà, dans nos contrées populeuses de l'Europe occidentale, presque tous les sommets ont été successivement conquis; ceux de l'Asie, de l'Afrique, de l'Amérique, le seront à leur tour. Puisque l'ère des grandes découvertes géographiques est à peu près terminée et que, sauf quelques lacunes, les terres sont connues dans leur ensemble, d'autres voyageurs, obligés de se contenter d'une moindre gloire, se disputent en grand nombre l'honneur d'être les premiers à gravir les montagnes non encore visitées. Jusqu'au Gröenland, les amateurs d'ascensions vont chercher quelque cime inconnue.

Parmi ces escaladeurs qui, chaque année, pendant la belle saison, tentent de gravir quelque cime haute et difficile, il en est, paraît-il, qui montent par amour de la gloriole. Ils cherchent, dit-on, un moyen pénible, mais sûr, de faire répéter leur nom de journal en journal, comme si, par une simple ascension, ils avaient fait une œuvre utile à l'humanité. Arrivés sur la cime, ils rédigent, de leurs mains raidies par le froid, un procès-verbal de leur gloire, débouchent avec fracas des bouteilles de champagne, tirent des coups de pistolet comme de vrais conquérants et secouent des drapeaux avec frénésie. Là où le sommet de la montagne n'est pas revêtu d'une épaisse coupole de neige, ils apportent des pierres afin de s'exhausser encore de quelques pouces. Ce sont des rois, des maîtres du monde, puisque la montagne entière n'est pour eux qu'un énorme piédestal, et qu'ils voient les royaumes gisant à leurs pieds. Ils étendent la main comme pour les saisir. C'est ainsi qu'un poète de campagne, invité pour la première fois à visiter un château royal, demanda la permission de monter un instant sur le trône. Quand il s'y trouva, le vertige de la domination le saisit tout à coup. Il aperçut une mouche qui voletait près de lui : « Ah ! je suis roi maintenant, je t'écrase ! » et, d'un coup de poing, il aplatit le pauvre insecte sur le bras du fauteuil doré.

Pourtant, l'homme modeste, celui qui ne raconte point son escalade et n'ambitionne nullement la gloire éphémère d'avoir gravi quelque pic difficilement abordable, celui-là même éprouve une joie forte quand il pose le pied sur une haute cime. De Saussure n'a pas eu, pendant tant d'années, le regard fixé sur le dôme du Mont-Blanc, il n'en a pas, à tant de reprises, essayé l'ascension dans l'unique préoccupation d'être utile à la science. Quand, après Balmat, il eut atteint les neiges jusqu'alors inviolées, il n'eut pas seulement la joie de pouvoir faire des observations nouvelles, il se livra aussi au bonheur tout naïf d'avoir enfin conquis ce mont rebelle. Le chasseur de bêtes et le chasseur d'hommes, hélas! ont aussi de la joie quand, après une poursuite acharnée à travers bois et ravins, coteaux et vallées, ils se trouvent en face de leur victime et réussissent à l'atteindre d'une balle! Fatigues, dangers, rien ne les a rebutés, soutenus qu'ils étaient par l'espoir, et, maintenant qu'ils se reposent à côté de leur proie tombée, ils oublient tout ce qu'ils ont souffert. Comme le chasseur, le gravisseur de cimes a cette joie de la conquête après l'effort, mais il a de plus le bonheur de n'avoir risqué que sa propre vie ; il a gardé ses mains pures.

Dans les grandes ascensions, le danger est souvent bien proche, et à chaque minute on risque la mort; mais on avance toujours et on se sent soutenu, soulevé par une forte joie, à la vue de tous ces périls que l'on sait éviter par la solidité de ses muscles et sa présence d'esprit. Fréquemment, il faut se tenir sur une pente de neige glacée où le moindre faux pas vous lancerait aux précipices. D'autres fois, on rampe sur un glacier en s'accrochant à un simple rebord de neige qui, en se brisant, vous laisserait tomber dans un gouffre dont on ne voit pas le fond. Il arrive aussi qu'on doit escalader des parois de rochers dont les saillies sont à peine assez larges pour que le pied y trouve place, et que recouvre une croûte de verglas, palpitant pour ainsi dire sous l'eau glaciale qui s'épanche au-dessous. Mais tels sont le courage et la tranquillité d'esprit, que pas un muscle ne se permet un faux mouvement, et tous s'harmonisent dans leurs efforts pour éviter le danger. Un voyageur glisse sur une roche d'ardoise polie et très inclinée, que coupe brusquement un précipice de cent mètres de hauteur. Le voilà qui descend avec une rapidité vertigineuse sur la pente lisse; mais il s'étend si bien pour offrir une plus large surface de frottement et rencontrer toutes les petites aspérités du roc, il utilise si habilement ses bras et ses jambes en guise de frein, qu'il s'arrête enfin au bord de l'abîme. Là, précisément, un ruisselet s'étale sur la pierre avant de tomber en cascade. Le voyageur avait soif. Il boit tranquillement, la face dans l'eau, avant de songer à se relever pour reprendre pied sur une roche moins périlleuse.

Le gravisseur aime d'autant plus la montagne qu'il a risqué d'y périr; mais le sentiment du danger surmonté n'est pas la seule joie de l'ascension, surtout chez l'homme qui, pendant le courant de sa vie, a dû soutenir de fortes luttes pour faire son devoir. En dépit de lui-même, il ne peut s'empêcher de voir dans le chemin parcouru, avec ses passages difficiles, ses neiges, ses crevasses, ses obstacles de toute sorte, une image du pénible chemin de la vertu; cette comparaison des choses matérielles et du monde moral s'impose à son esprit. « Malgré la nature, j'ai réussi, pense-t-il; la cime est sous mes pieds. J'ai souffert, c'est vrai, mais j'ai vaincu, et le devoir est accompli. » Ce sentiment a toute sa force chez ceux qui ont vraiment mission scientifique d'escalader un sommet dangereux, soit pour en étudier les roches et les fossiles, soit pour y rattacher leur réseau de triangles et dresser la carte du pays. Ceux-là ont droit de s'applaudir après avoir conquis la cime; s'il leur arrive malheur dans leur voyage, ils ont droit au titre de martyrs. L'humanité reconnaissante doit s'en rappeler les noms, bien autrement nobles que ceux de tant de prétendus grands hommes!

Tôt ou tard les âges héroïques de l'exploration des montagnes prendront fin comme ceux de l'exploration de la planète elle-même, et le souvenir des fameux gravisseurs se transformera en légende. Les unes après les autres, toutes les montagnes des contrées populeuses auront été escaladées; des sentiers faciles, puis des chemins carrossables, auront été construits de la base au sommet, pour en faciliter l'accès, même aux désœuvrés et aux affadis ; on aura fait jouer la mine entre les crevasses des glaciers pour montrer aux badauds la texture du cristal ; des ascenseurs mécaniques auront été établis sur les parois des monts jadis inaccessibles, et les « touristes » se feront hisser le long des murs vertigineux, en fumant leur cigare et en devisant de scandales.

Mais ne voilà-t-il pas déjà que l'on monte aux sommets par des chemins de fer! Les inventeurs ont imaginé maintenant des locomotives de montagnes, afin que nous puissions aller nous plonger dans l'air libre des cieux, pendant l'heure de digestion qui suit notre dîner. Des Américains, gens pratiques dans leur poésie, ont inventé ce nouveau mode d'ascension. Pour atteindre plus vite et sans fatigue le sommet de leur montagne la plus vénérée, à laquelle ils ont donné le nom de Washington, le héros de l'indépendance, ils l'ont rattachée à leur réseau de chemins de fer. Roches et pâturages sont entourés d'une spirale de rails que les trains gravissent et descendent tour à tour en sifflant et en déroulant leurs anneaux comme des serpents gigantesques. Une station est installée sur la cime, ainsi que des restaurants et des kiosques dans le style chinois. Le voyageur en quête d'impressions y trouve des biscuits, des liqueurs et des poésies sur le soleil levant.

Ce que les Américains ont fait pour le mont Washington, les Suisses se sont hâtés de l'imiter pour le Righi, au centre de ce panorama si grandiose de leurs lacs et de leurs montagnes. Ils l'ont fait aussi pour l'Utli; ils le feront pour d'autres monts encore, ils en ramèneront pour ainsi dire les cimes au niveau de la plaine. La locomotive passera de vallée en vallée par-dessus les sommets, comme passe un navire en montant et descendant sur les vagues de la mer. Quant aux monts tels que les hautes cimes des Andes et de l'Himalaya, trop élevées dans la région du froid pour que l'homme puisse y monter directement, le jour viendra où il saura pourtant les atteindre. Déjà les ballons l'ont porté à deux ou trois kilomètres plus haut; d'autres aéronefs iront le déposer jusque sur le Gaourisankar, jusque sur le « Grand Diadème du Ciel éclatant. »

Dans cette grande œuvre d'aménagement de la nature, on ne se borne point à rendre les montagnes d'un accès facile, au besoin on travaille à les supprimer. Non contents de faire escalader à leurs routes carrossables les monts les plus ardus, les ingénieurs percent les roches qui les gênent, pour faire passer leurs voies de fer de vallée à vallée. En dépit de tous les obstacles que la nature avait mis en travers de sa marche, l'homme passe; il se fait une nouvelle terre appropriée à ses besoins. Lorsqu'il lui faut un grand port de refuge pour ses navires, il prend un promontoire au bord des mers, et, roche à roche, il le jette au fond des eaux pour en construire un brise-lames. Pourquoi, si la fantaisie lui en vient, ne prendrait-il pas aussi de grandes montagnes pour les triturer et en répandre les débris sur le sol des plaines?

Mais quoi, ce travail est déjà commencé. En Californie, les mineurs, las d'attendre que les ruisseaux leur apportent le sable pailleté d'or, ont eu l'idée de s'attaquer à la montagne elle-même. En maints endroits, ils écrasent la roche dure pour en retirer le métal; mais ce travail est difficile et coûteux. La besogne est plus facile lorsqu'ils ont devant eux des terrains de transport, tels que sables meubles et cailloux. Alors, ils s'installent en face, avec d'énormes pompes à incendie, ravinent incessamment les talus à grands jets et démolissent ainsi peu à peu la montagne pour en extraire toutes les molécules d'or. En France, on a eu l'idée de déblayer de la même manière une partie des énormes amas d'alluvions antiques accumulés en plateaux au devant des Pyrénées; au moyen de canaux, tous ces débris, transformés en limons fertilisants, serviraient à exhausser et à féconder les plaines nues des Landes.

Certes, ce sont là des progrès considérables. Le temps n'est plus où les seuls chemins des montagnes étaient des ornières tellement étroites que deux piétons, venant en sens contraire, ne pouvaient s'éviter et devaient passer l'un sur le dos de l'autre couché sur le sentier. Tous les points de la terre deviennent accessibles, même aux invalides et aux malades; en même temps, toutes les ressources deviennent utilisables, et la vie de l'homme se trouve ainsi prolongée de toutes les heures conquises sur la période d'efforts, tandis que son avoir s'accroît de tous les trésors arrachés à la terre. Mais, comme toutes les choses humaines, ces progrès amèneront avec eux les abus correspondants; quelquefois, on sera sur le point de les maudire, de même qu'on a maudit jadis la parole, l'écriture, le livre et jusqu'à la pensée. Quoi que disent les amateurs du bon vieux temps, la vie, si rude pour la plupart des hommes, deviendra pourtant de plus en plus facile. A nous de veiller pour qu'une forte éducation arme le jeune homme d'une énergique volonté et le rende toujours capable d'un héroïque effort, seul moyen de maintenir l'humanité dans sa vigueur morale et matérielle! A nous de remplacer par des épreuves méthodiques ce dur combat de l'existence par lequel il faut acheter maintenant la force d'âme. Jadis, lorsque la vie était un incessant combat de l'homme contre l'homme ou la bête fauve, l'adolescent était regardé comme un enfant, tant qu'il n'avait pas rapporté de trophée sanglant dans la hutte paternelle. Il lui fallait montrer la force de son bras, la solidité de son courage, avant qu'il osât élever la voix dans le conseil des guerriers. Dans les pays où le danger n'était pas tant d'avoir à se mesurer avec l'ennemi que d'avoir à subir la faim, le froid, les intempéries, le candidat au titre d'homme était abandonné dans la forêt sans nourriture, sans vêtements, exposé à la bise et à la morsure des insectes; il fallait qu'il restât là, immobile, la face placide et fière, et qu'après des journées d'attente il eût encore la force de se laisser torturer sans se plaindre, d'assister à un repas abondant sans avancer la main pour en prendre sa part. Maintenant, on n'impose plus ces épreuves barbares à nos jeunes gens, mais, sous peine de décadence et d'abêtissement, il faut savoir donner aux enfants une âme haute et ferme, non seulement contre les malheurs possibles, mais surtout contre les facilités de la vie. Travaillons à rendre l'humanité heureuse, mais enseignons-lui en même temps à triompher de son propre bonheur par la vertu.

Dans ce travail, si capital, de l'éducation des enfants, et, par eux, de l'humanité future,

la montagne a le plus grand rôle à remplir.
La véritable école doit être la nature libre,
avec ses beaux paysages que l'on contemple,
ses lois que l'on étudie sur le vif, mais aussi
avec ses obstacles qu'il faut surmonter. Ce
n'est point dans les étroites salles aux fenêtres
grillées que l'on fera des hommes courageux
et purs. Qu'on leur donne au contraire la joie
de se baigner dans les torrents et les lacs des
montagnes, qu'on les fasse promener sur les
glaciers et sur les champs de neige, qu'on
les mène à l'escalade des grands sommets. Non
seulement ils apprendront sans peine ce que
nul livre ne saurait leur enseigner, non seulement ils se souviendront de tout ce qu'ils
auront appris dans ces jours heureux où la
voix du professeur se confondait pour eux, en
une même impression, avec la vue de paysages
charmants et forts, mais encore ils se seront
trouvés en face du danger et ils l'auront joyeusement bravé. L'étude sera pour eux un plaisir, et leur caractère se formera dans la joie.

On ne saurait douter que nous sommes à
la veille d'accomplir les changements les plus
considérables dans l'aspect de la nature aussi

bien que dans la vie de l'humanité; ce monde extérieur que nous avons déjà si puissamment modifié dans sa forme, nous le transformerons à notre usage bien plus énergiquement encore. A mesure que grandissent notre savoir et notre puissance matérielle, notre volonté d'homme se manifeste de plus en plus impérieuse en face de la nature. Actuellement, presque tous les peuples dits civilisés emploient encore la plus grande partie de leur épargne annuelle à préparer les moyens de s'entre-tuer et de dévaster le territoire les uns des autres; mais, lorsque, plus avisés, ils l'appliqueront à augmenter la force de production du sol, à utiliser en commun toutes les forces de la terre, à supprimer tous les obstacles naturels qu'elle oppose à nos libres mouvements, c'est à vue d'œil que changera l'apparence de la planète qui nous emporte dans son tourbillon. Chaque peuple donnera, pour ainsi dire, un vêtement nouveau à la nature environnante. Par ses champs et ses routes, ses demeures et ses constructions de toute espèce, par le groupement imposé aux arbres et l'ordonnance générale des paysages, la population donnera la mesure de son propre idéal. Si elle a vraiment le sentiment du beau, elle rendra la nature plus belle ; si, au contraire, la grande masse de l'humanité devait rester ce qu'elle est aujourd'hui, grossière, égoïste et fausse, elle continuerait à marquer la terre de ses tristes empreintes. C'est alors que le cri de désespoir du poète deviendrait une vérité : « Où fuir ? la nature s'enlaidit. »

Quel que soit l'avenir de l'humanité, quel que doive être l'aspect du milieu qu'il se créera, la solitude, dans ce qui reste de la libre nature, deviendra de plus en plus nécessaire aux hommes qui, loin du conflit des opinions et des voix, veulent retremper leur pensée. Si les plus beaux sites de la terre devaient un jour être seulement le rendez-vous de tous les désœuvrés, ceux qui aiment à vivre dans l'intimité des éléments n'auraient plus qu'à s'enfuir dans une barque au milieu des flots, ou bien à attendre le jour où ils pourront planer comme l'oiseau dans les profondeurs de l'espace ; mais ils regretteraient toujours les fraîches vallées des monts, et les torrents jaillissant des neiges inviolées, et les pyramides blanches ou roses se dressant dans le ciel bleu. Heureusement, les montagnes ont toujours les plus douces retraites pour celui qui fuit les chemins frayés par la mode. Longtemps encore on pourra s'écarter du monde frivole et se retrouver dans la vérité de sa pensée, loin de ce courant d'opinions vulgaires et factices qui troublent et détournent jusqu'aux esprits les plus sincères.

Quel étonnement, quelle déshabitude de tout mon être, lorsque, franchissant le seuil du dernier défilé de la montagne, je me retrouvai dans la grande plaine aux lointains indistincts et fuyants, à l'espace illimité ! Le monde immense était ouvert devant moi ; je pouvais aller vers le point de l'horizon où me portait mon caprice, et cependant j'avais beau marcher, il ne me semblait point changer de place, tant la nature environnante avait perdu son charme et sa variété. Je n'entendais plus le torrent, je ne voyais plus les neiges ni les rochers, c'était toujours la même campagne monotone. Mes pas étaient libres, et pourtant je me sentais bien autrement emprisonné que dans la montagne ; un arbre seul, un simple arbuste, suffisaient à me cacher l'horizon; pas un chemin qui ne fût bordé des deux côtés par des haies ou des barrières.

En m'éloignant des monts que j'aimais et qui s'enfuyaient loin de moi, je regardais souvent en arrière pour en distinguer les formes amoindries. Les pentes se confondaient peu à peu en une même masse bleuâtre; les larges entailles des vallées cessaient d'être visibles; les cimes secondaires se perdaient, le profil des hauts sommets se dessinait seul sur le fond lumineux. A la fin, la brume de poussière et d'impuretés qui s'élève des plaines me cacha les pentes basses des montagnes; il ne restait plus qu'une sorte de décor porté sur des nuages, et c'est à peine si je pouvais encore retrouver du regard quelques-unes des cimes autrefois gravies. Puis tous les contours disparurent dans les vapeurs; la plaine sans bornes visibles m'entoura de toutes parts. Désormais, la montagne était loin de moi, et j'étais rentré dans le grand tumulte des humains. Du moins ai-je pu garder dans ma mémoire la douce impression du passé. Je vois de nouveau surgir devant mes yeux le profil aimé des monts, je rentre par la pensée dans les vallons ombreux, et, pendant quelques instants, je puis jouir en paix de l'intimité de la roche, de l'insecte et du brin d'herbe.

FIN

## TABLE DES MATIÈRES

|  |  | PAGES. |
|---|---|---|
| Chapitre I. | L'asile... | 1 |
| — II. | Les sommets et les vallées... | 11 |
| — III. | La roche et le cristal... | 25 |
| — IV. | L'origine de la montagne... | 39 |
| — V. | Les fossiles... | 53 |
| — VI. | La destruction des cimes... | 63 |
| — VII. | Les éboulis... | 75 |
| — VIII. | Les nuages... | 87 |
| — IX. | Le brouillard et l'orage... | 97 |
| — X. | Les neiges... | 107 |
| — XI. | L'avalanche... | 125 |
| — XII. | Le glacier... | 139 |
| — XIII. | La moraine et le torrent... | 151 |
| — XIV. | Les forêts et les paturages... | 163 |

|  |  | PAGES. |
|---|---|---|
| CHAPITRE XV. | LES ANIMAUX DE LA MONTAGNE | 182 |
| — XVI. | L'ÉTAGEMENT DES CLIMATS | 193 |
| — XVII. | LE LIBRE MONTAGNARD | 209 |
| — XVIII. | LE CRÉTIN | 231 |
| — XIX. | L'ADORATION DES MONTAGNES | 247 |
| — XX. | L'OLYMPE ET LES DIEUX | 265 |
| — XXI. | LES GÉNIES | 277 |
| — XXII. | L'HOMME | 285 |

FIN DE LA TABLE DES MATIÈRES

1676. — Imprimerie A. Lahure, 9, rue de Fleurus, Paris.

J. HETZEL ET Cie, 18, RUE JACOB

SEUL JOURNAL COURONNÉ
PAR L'ACADÉMIE FRANÇAISE

32 vol. *MAGASIN ILLUSTRÉ 32 vol.

DÉPARTEMENTS  
16 fr.

PARIS  
14 fr.

ET
DE RÉCRÉATION
Journal de toute la famille

*Encyclopédie morale de l'Enfance et de la Jeunesse*

PUBLIÉ PAR

JEAN MACÉ — P.-J. STAHL — JULES VERNE

AVEC LE CONCOURS DES ÉCRIVAINS, SAVANTS ET ARTISTES LES PLUS RÉPUTÉS

Il paraît une livraison de 32 pages tous les quinze jours, depuis le 20 mars 1864; soit un beau volume album tous les six mois.

*Les 32 volumes parus contiennent 50 grands ouvrages, 730 contes et articles divers, et environ 3,600 gravures de nos premiers artistes.*

ABONNEMENT ANNUEL

**Paris : 14 fr. — Départements : 16 fr.**

UNION POSTALE : 17 FR.

Les abonnements partent du 1er janvier ou du 1er juillet.

Volume br., 7 fr.; cart. toile, tr. dor., 10 fr.; rel., tr. dor., 12 fr.

COLLECTION COMPLÈTE : 32 VOLUMES

Brochés 224 fr.; cart. toile, tr. dor. : 320 fr.; reliés, tr. dor. : 384 fr.

*Les tomes I à X forment une série complète.*

NOTA. — Les ouvrages marqués d'un * ont été choisis par le ministère de l'instruction publique pour faire partie des catalogues des bibliothèques publiques scolaires. Le deuxième * désigne les ouvrages choisis pour être distribués en prix
Les nouveautés du 1er janvier 1881 sont marqués d'une †.

# COLLECTION COMPLÈTE

### DES TRENTE PREMIERS VOLUMES DU

# MAGASIN D'ÉDUCATION
## ET DE RÉCRÉATION

#### PUBLIÉ SOUS LA DIRECTION DE
### MM. JEAN MACÉ — P.-J. STAHL — JULES VERNE

Prix : 200 francs

Payables en 8 termes de 25 francs à répartir en deux ans

---

Les trente premiers volumes illustrés parus du *Magasin d'Éducation et de Récréation* constituent à eux seuls toute une bibliothèque de l'enfance et de la jeunesse. L'examen du catalogue général du *Magasin*, que nous tenons toujours à la disposition des parents, leur montrera que les œuvres principales, et pour ainsi dire complètes, de JULES VERNE, de P.-J. STAHL, de JULES SANDEAU, de E. LEGOUVÉ, d'EGGER, de J. MACÉ, de L. BIART et de bien d'autres ; que les plus heureuses séries de dessins de Frœlich, Froment et d'un grand nombre d'artistes éminents, écrites ou dessinées avec un soin scrupuleux, à l'usage spécial de la jeunesse et de la famille, sont contenues dans les trente volumes déjà parus.

Cette collection grand in-8° représente par le fait la matière de plus de cent volumes in-18 ordinaires. Elle est en outre illustrée de près de quatre mille dessins, créés expressément pour le *Magasin d'Éducation*.

Le *Magasin d'Éducation* s'est tenu avec soin en dehors de ce qu'on appelle l'actualité, dont l'intérêt passe et vieillit, pour ne laisser entre les mains de ses lecteurs que des œuvres d'un intérêt durable et permanent. Les premiers volumes, à ce titre, présentent donc un intérêt égal aux derniers, et offrir aux enfants les premières années, s'ils ne les connaissent pas, leur assure des lectures aussi agréables que si on leur donnait les dernières.

## *LES TOMES I à XXX

### RENFERMENT COMME ŒUVRES PRINCIPALES

Les Aventures du Capitaine Hatteras, Les Enfants du Capitaine Grant, Vingt mille lieues sous les mers, Aventures de trois Russes et de trois Anglais, Le pays des Fourrures, L'Ile mystérieuse, Michel Strogoff, Hector Sarvadac, Les Cinq cents millions de la Bégum, de Jules VERNE. — La Morale familière, Les Contes Anglais, La Famille Chester, L'Histoire d'un Ane et de deux jeunes Filles, Une Affaire difficile à arranger, Maroussia, Un pot de crème pour deux, de P.-J. STAHL. — La Roche aux Mouettes, de Jules SANDEAU. — Le Nouveau Robinson Suisse, de STAHL et MULLER. — Romain Kalbris, d'Hector MALOT. — Histoire d'une Maison, de VIOLLET-LE-DUC. — Les Serviteurs de l'Estomac, Le Géant d'Alsace, Le Gulf-Stream, etc., de Jean MACÉ. — Le Denier de la France, La Chasse, Le Travail et la Douleur, A Madame la Reine, La Fée Béquillette, Un premier Symptôme, Sur la Politesse, Lettre à M<sup>lle</sup> Lili, etc., de E. LEGOUVÉ. — Le Livre d'un père, de Victor DE LAPRADE. — La Jeunesse des Hommes célèbres, de MULLER. — Aventures d'un jeune Naturaliste, Entre Frères et Sœurs, Voyages et Aventures de deux enfants dans un parc, Les Voyages involontaires, de Lucien BIART. — Causeries d'Economie pratique, de Maurice BLOCK. — La Justice des choses, de Lucie B***. — Les Aventures d'un Grillon, La Gileppe, par le docteur CANDÈZE. — Vieux souvenirs, Départ pour la Campagne, Bébé aime le rouge, etc., de Gustave DROZ. — Le Pacha berger, par E. LABOULAYE. — La Musique au foyer, par LACOME. — Histoire d'un Aquarium, Les Clients d'un vieux Poirier, de E. VAN BRUYSSEL. — Le Chalet des Sapins, de Prosper CHAZEL. — L'Odyssée de Pataud et de son chien Fricot, de P.-J. STAHL et CHAM. — Le petit Roi, de S. BLANDY. — L'Ami Kips, de G. ASTON. — La Grammaire de M<sup>lle</sup> Lili, de Jean MACÉ. — Histoire de mon oncle et de ma tante, par A. DEQUET. — L'Embranchement de Mugby, Histoire de Bebelle, Une lettre inédite, Septante fois sept, de Ch. DICKENS, etc., etc. — C'est-à-dire une Bibliothèque complète de l'Enfance et de la Jeunesse.

Les petites Sœurs et petites Mamans, Les Tragédies enfantines, Les Scènes familières et autres séries de dessins, par FRŒLICH, FROMENT, DETAILLE; textes de STAHL.

## *TOMES XXXI-XXXII

La Maison à vapeur, par JULES VERNE. — Les Quatre filles du docteur Marsch, par P.-J. STAHL. — Leçons de Lecture, par E. LEGOUVÉ. — Riquette, par P. CHAZEL. — Contes et nouvelles, par C. LEMONNIER, LERMANT, BENTZON, DUPIN DE SAINT-ANDRÉ, NICOLE, BÉNÉDICT, etc.

ENFANCE, JEUNESSE. — LIBRAIRIE SPÉCIALE

Cours complet et gradué d'Éducation

## POUR LES FILLES ET POUR LES GARÇONS

A suivre en six années

*Soit dans la Pension, soit dans la Famille*

# CAHIERS
## D'UNE ÉLÈVE DE SAINT-DENIS

PAR DEUX ANCIENNES ÉLÈVES DE LA MAISON DE LA LÉGION D'HONNEUR

ET PAR

**LOUIS BAUDE**, ancien professeur au Collège Stanislas.

17 Volumes in-18.— Brochés, **57 fr.**; cartonnés, **61 fr. 50**

*Chaque volume se vend séparément*

**Sommaire des 12 cahiers.** — Introduction. — Grammaire française. — Dictées. — Histoire sainte. — Mappemonde. — Géographie de l'Histoire sainte. — Anciennes divisions de la France par provinces. — Division de la France par départements. — Table chronologique des rois de France. — Arithmétique. — Système métrique. — Lectures et exercices de mémoire. — Étymologies. — Histoire ancienne. — Ères chronologiques. — Mythologie. — Etudes préparatoires à l'Histoire de France. — Cosmographie. — Géographie de l'Asie Mineure. — Départements et arrondissements de la France. — Géographie de la France. — Histoire romaine. — Histoire de l'Église. — Paris et ses monuments. — Récapitulation de l'Histoire ancienne. — Histoire du moyen âge. — Géographie moderne. — Géographie de l'Europe. — Histoire naturelle. — Précis de l'histoire de la langue française. — Traité de versification. — Histoire moderne. — Géographie de l'Amérique et de l'Océanie. — Curiosités historiques. — Botanique. — Zoologie. — Principales inventions et découvertes. — Principes de littérature. — Histoire de la littérature ancienne et française. — Philosophie. — Table chronologique des principaux événements de l'histoire contemporaine depuis 1789. — Bibliographie.

— Philologie des langues européennes. — Précis de l'Histoire générale des études. — Biographie des femmes célèbres. — Notions géographiques complémentaires. — Morceaux choisis.

**Sommaire des 4 cahiers préliminaires.** — Religion. — Éducation. — Instruction. — Notions sur les trois règnes de la nature. — Connaissance des chiffres et des nombres. — Lectures. — Exercices de mémoire. — Cours d'écriture (avec modèles).

**Sommaire du cahier complémentaire.** — Considérations générales. — Histoire de l'Architecture. — De la Sculpture. — De la Peinture. — Gravure. — Lithographie. — Histoire de la Musique. — Astronomie. — Archéologie. — Numismatique. — Paléographie. — Minéralogie. — Algèbre et Géométrie. — De la Vapeur et de ses applications. — Télégraphie électrique. — Galvanoplastie. — De la Chloroformisation. — De la Photographie et de l'Aérostation.

## ÉTUDES D'APRÈS LES GRANDS MAITRES
### Dessins par A. COLIN
*Professeur de dessin à l'École polytechnique*

ALBUM IN-FOLIO, **20 PLANCHES**. — Cartonné bradel, **20** francs

Cartonné toile, tranches dorées, **22** francs

Chaque planche collée sur carton, avec texte au dos, **1 fr. 25**.

## ATLAS COMPLÉMENTAIRE
### DES CAHIERS D'UNE ÉLÈVE DE SAINT-DENIS.

**Atlas classique de Géographie universelle**, composé de 24 planches en plusieurs couleurs, dressées par M. DUBAIL, ex-professeur adjoint de géographie à l'Ecole de Saint-Cyr. — 1 volume grand in-8, cartonné bradel. Prix : 8 fr.

Les programmes d'admission aux Écoles de l'Etat se trouvent dans les *Grandes écoles civiles et militaires de France*, par MORTIMER D'OCAGNE. — Un beau vol. in-18, 3 fr. 50. (*Voir Page 24.*)

Voir pour les *Classiques français*, p. 20.

# BIBLIOTHÈQUE
### DES
# JEUNES FRANÇAIS
VOLUMES GR. IN-16 A **1** FR. **50**, BROCHÉS
CARTONNÉS TOILE TRANCHE JASPÉE, **2** FRANCS

| | |
|---|---|
| BLOCK (Maurice).... | * Petit Manuel d'Économie pratique (ouv. cour.). |
| ENTRETIENS FAMILIERS SUR L'ADMINISTRATION DE NOTRE PAYS | * La France.<br>* Le Département.<br>* La Commune.<br>† Paris, Organisation municipale.<br>† Paris, Institution administrative. |
| J. MICHELET........ | † La Prise de la Bastille et la Fête des Fédérations. |
| — ....... | † Les Croisades. |
| — ....... | † François Ier et Charles-Quint. |
| — ....... | † Henri IV *(sous presse)*. |

# *COLLECTION
### DES
# CLASSIQUES FRANÇAIS
*Dédiée à la Jeunesse*

CHAQUE VOLUME BROCHÉ, **3** FR. ; CARTONNÉ BRADEL, **3** FR. **25**
*Envoi* franco *par poste,* **50** *cent. en plus par volume*

| | | |
|---|---|---|
| BOILEAU .... | Œuvres poétiques........... | 2 v. |
| BOSSUET .... | Oraisons funèbres.......... | 1 v. |
| — .... | Discours sur l'Histoire universelle. | 2 v. |
| P. CORNEILLE . | Œuvres dramatiques........ | 3 v. |
| FÉNELON .... | Les Aventures de Télémaque ... | 2 v. |
| LA BRUYÈRE .. | Les Caractères , ........ | 2 v. |
| LA FONTAINE . | Fables ............. | 2 v. |
| RACINE..... | Œuvres dramatiques......... | 3 v. |

ENFANCE, JEUNESSE. — LIBRAIRIE SPÉCIALE

Prix — Étrennes — Bibliothèques populaires — etc.

## BIBLIOTHÈQUE IN-18

3 Fr.  
Broché

4 Fr.  
Cartonné

**D'ÉDUCATION & DE RÉCRÉATION**

### VOLUMES IN-18

*Brochés, 3 fr. — Cartonnés toile, tranches dorées, 4 fr.*

| | | |
|---|---|---|
| AMPÈRE (A.-M.)..... | *Journal et correspondance... | 1 v. |
| ANDERSEN........ | Nouveaux Contes suédois... | 1 v. |
| BERTRAND (J.)..... | *Les Fondateurs de l'astronomie | 1 v. |
| BIART (Lucien)..... | **Avent. d'un jeune naturaliste. | 1 v. |
| — | **Entre frères et sœurs...... | 1 v. |
| BLANDY (S.)....... | **Le petit Roi........... | 1 v. |
| BOISSONNAS (M^me B.).. | *Une famille pendant la guerre 1870-71 (*ouv. cour.*).... | 1 v. |
| BRACHET (A.)...... | **Grammaire historique (préface de LITTRÉ) (*ouv. cour.*).. | 1 v. |
| BRÉHAT (de)....... | **Aventures d'un petit Parisien. | 1 v. |
| CANDÈZE (D^r)...... | Aventures d'un Grillon.... | 1 v. |
| CARLEN (Emilie)..... | Un brillant Mariage....... | 1 v. |
| CHAZEL (Prosper).... | Le Chalet des Sapins...... | 1 v. |
| CHERVILLE (de)..... | *Histoire d'un trop bon Chien. | 1 v. |
| CLÉMENT (Ch.)...... | **Michel-Ange, Raphaël, etc.. | 1 v. |
| DESNOYERS (Louis)... | Jean-Paul Choppart....... | 1 v. |
| DURAND (Hip.)..... | Les grands Prosateurs..... | 1 v. |
| — | Les grands Poètes........ | 1 v. |
| EGGER.......... | †Histoire du Livre........ | 1 v. |
| ERCKMANN-CHATRIAN. | *Le Fou Yégof ou l'Invasion.. | 1 v. |
| — | *Madame Thérèse........ | 1 v. |
| — | *Histoire d'un Paysan (COMPL.) | 4 v |
| FATH (G.)........ | Un drôle de Voyage....... | 1 v. |
| FOUCOU.......... | Histoire du travail....... | 1 v. |
| GÉNIN........... | La Famille Martin....... | 1 v. |
| GRAMONT (Comte de).. | Les Vers français et leur prosodie............ | 1 v. |
| GRATIOLET (P.).... | *De la physionomie....... | 1 v. |
| GRIMARD......... | Histoire d'une goutte de sève. | 1 v. |
| — | Le Jardin d'acclimatation... | 1 v. |
| HIPPEAU (M^me)..... | *Cours d'économie domestique. | 1 v. |
| HUGO (Victor)..... | *Les Enfants (LE LIVRE DES MÈRES)........... | 1 v. |
| IMMERMANN....... | La Blonde Lisbeth....... | 1 v. |
| LAPRADE (V. de).... | *Le Livre d'un père....... | 1 v. |

| | | |
|---|---|---|
| LAVALLÉE (Th.)..... | Histoire de la Turquie..... | 2 v. |
| LEGOUVÉ (E.)...... | *Les Pères et les Enfants au XIX<sup>e</sup> siècle(ENFANCE ET ADOLESCENCE)............ | 1 v. |
| — | *Les Pères et les Enfants au XIX<sup>e</sup> siècle (LA JEUNESSE).. | 1 v. |
| — | *Conférences parisiennes.... | 1 v. |
| — | *Nos Filles et nos Fils..... | 1 v. |
| — | *L'Art de la Lecture....... | 1 v. |
| LOCKROY (M<sup>me</sup>)..... | *Contes à mes Nièces...... | 1 v. |
| MACAULAY........ | *Histoire et Critique....... | 1 v. |
| MACÉ (Jean)....... | *Histoire d'une Bouchée de pain. | 1 v. |
| — | *Les Serviteurs de l'estomac. | 1 v. |
| — | **Contes du Petit Château.... | 1 v. |
| — | *Arithmétique du Grand-Papa. | 1 v. |
| MAURY (commandant). | *Géographie physique...... | 1 v. |
| — | *Le Monde où nous vivons.. | 1 v. |
| MULLER (Eugène)... | **Jeunesse des Hommes célèbres | 1 v. |
| — | **Morale en action par l'histoire | 1 v. |
| ORDINAIRE........ | Dictionnaire de mythologie... | 1 v. |
| — | Rhétorique nouvelle...... | 1 v. |
| RATISBONNE (Louis).. | **Comédie enfantine(ouv.cour.) | 1 v. |
| RECLUS (Elisée)..... | *Histoire d'un Ruisseau..... | 1 v. |
| RENARD.......... | **Le Fond de la Mer....... | 1 v. |
| ROULIN (F.)....... | *Histoire naturelle........ | 1 v. |
| SANDEAU (Jules)..... | **La Roche aux Mouettes.... | 1 v. |
| SAYOUS.......... | *Conseils à une mère sur l'éducation littéraire........ | 1 v. |
| — | *Principes de littérature..... | 1 v. |
| SIMONIN.......... | *Histoire de la Terre...... | 1 v. |
| STAHL (P.-J.)...... | *Contes et récits de Morale familière (ouvr. couronné).. | 1 v. |
| — | **Histoire d'un Ane et de deux jeunes Filles (ouvr. cour.). | 1 v. |
| — | La famille Chester, adaptation | 1 v. |
| — | *Les Patins d'argent(ouv.cour.) d'après Mapes Dodge.... | 1 v. |
| — | **Mon 1<sup>er</sup> Voyage en mer, d'après une traduction de Thoulet. | 1 v. |
| — | *Les Histoires de mon parrain. | 1 v. |
| — | **Maroussia (ouv.cour.), d'après Marko Wowzog..... | 1 v. |
| STAHL et DE WAILLY. | Scènes de la vie des enfants en Amérique. | |
| — | *Les Vacances de Riquet et Madeleine............ | 1 v. |
| — | Mary Bell, William et Lafaine. | 1 v. |
| STAHL ET MULLER... | *Le nouveau Robinson suisse. | 1 v. |
| SUSANE (général).... | Histoire de la Cavalerie.... | 3 v. |
| THIERS.......... | *Histoire de Law........ | 1 v. |

ENFANCE, JEUNESSE. — LIBRAIRIE SPÉCIALE 23

| | | |
|---|---|---|
| Vallery Radot (René) | \*Journal d'un Volontaire d'un an (*ouvr. couronné*) | 1 v. |
| Verne (Jules) | **Aventures du capitaine Hatteras :** | |
| — | \*\* Les Anglais au pôle Nord | 1 v. |
| — | \*\* Le Désert de Glace | 1 v. |
| | **Les Enfants du capitaine Grant :** | |
| — | \*\* L'Amérique du Sud | 1 v. |
| — | \*\* L'Australie | 1 v. |
| — | \*\* L'Océan Pacifique | 1 v. |
| — | \*\* Aventures de 3 Russes et de 3 Anglais | 1 v. |
| — | \*\* Cinq semaines en ballon (*ouvr. cour.*) | 1 v. |
| — | \* De la Terre à la Lune (*ouvr. cour.*) | 1 v. |
| — | \* Autour de la Lune (*ouvr. cour.*) | 1 v. |
| — | \*\* Découverte de la Terre | 2 v. |
| — | \* Le Pays des Fourrures | 2 v. |
| — | \* Le Tour du Monde en 80 jours | 1 v. |
| — | \* Vingt mille lieues sous les Mers (*ouvr. cour.*) | 2 v. |
| — | \* Voyage au centre de la Terre (*ouvr. cour.*) | 1 v. |
| — | \*\* Une Ville flottante | 1 v. |
| — | \* Le docteur Ox | 1 v. |
| — | \* Le Chancellor | 1 v. |
| | **L'Ile Mystérieuse :** | |
| — | \* Les Naufragés de l'air | 1 v. |
| — | \* L'Abandonné | 1 v. |
| — | \* Le Secret de l'île | 1 v. |
| — | \* Michel Strogoff | 2 v. |
| — | \* Les Indes Noires | 1 v. |
| — | Hector Servadac | 2 v. |
| — | \*\* Un Capitaine de 15 ans | 2 v. |
| — | Les Cinq Cents Millions de la Bégum | 1 v. |
| — | Les Tribulations d'un Chinois en Chine | 1 v. |
| — | †La Maison à vapeur | 2 v. |
| — | \*\*Les grands Navigateurs du XVIII<sup>e</sup> siècle | 2 v. |
| — | †Les Voyageurs du XIX<sup>e</sup> siècle | 2 v. |
| Zurcher et Margollé | \* Les Tempêtes | 1 v. |
| — | \*\* Histoire de la Navigation | 1 v. |
| — | \*\* Le Monde sous-marin | 1 v. |

## SÉRIE DES VOLUMES IN-18, AVEC OU SANS GRAVURES

Brochés, 3 fr. 50. — Cartonnés, tr. dorées, 4 fr. 50

(Suite de la Collection *Éducation et Récréation*.)

| | | |
|---|---|---|
| Anquez | \*\* Histoire de France | 1 v. |
| Audoynaud | Entretiens familiers sur la Cosmographie | 1 v. |
| Bertrand (Alex.) | \*\*Lettres sur les révol. du globe | 1 v. |
| Boissonnas (B.) | \* Un Vaincu | 1 v. |

| | | |
|---|---|---|
| Faraday (M.) | *Histoire d'une Chandelle | 1 v. |
| Franklin (J.) | Vie des Animaux | 6 v. |
| Hirtz (M<sup>lle</sup>) | Méthode de coupe et de confection pour les vêtements de femmes et d'enfants. 154 gr. | 1 v. |
| Lavallée (Th.) | Les Frontières de la France (Ouvrage couronné) | 1 v. |
| Mayne-Reid | *William le Mousse | 1 v. |
| — | Les Jeunes Esclaves | 1 v. |
| — | **Le Désert d'eau | 1 v. |
| — | *Les Chasseurs de Girafes | 1 v. |
| — | *Les Naufragés de l'île de Bornéo | 1 v. |
| — | La Sœur perdue | 1 v. |
| — | **Les Planteurs de la Jamaïque | 1 v. |
| — | *Les deux Filles du Squatter | 1 v. |
| — | Les Jeunes voyageurs | 1 v. |
| — | **Les Robinsons de Terre ferme | 1 v. |
| — | Les Chasseurs de Chevelures | 1 v. |
| Mickiewics (Adam) | Histoire de la Pologne | 1 v. |
| Mortimer d'Ocagne | *Les grandes Écoles civiles et militaires de France. — Historique. — Programmes d'admission. — Régime intérieur. — Sortie, carrière ouverte | 1 v. |
| Nodier (Ch.) | Contes choisis | 2 v. |
| Parville (de) | Un Habitant de la planète Mars | 1 v. |
| Silva (de) | Le Livre de Maurice | 1 v. |
| Susane (général) | Histoire de l'Artillerie | 1 v. |
| Tyndall | **Dans les Montagnes | 1 v. |
| Wentworth-Higginson | †Histoire des États-Unis | 1 v. |

## SÉRIE IN-18. — PRIX DIVERS

(Suite de la Collection *Éducation et Récréation*.)

| | | |
|---|---|---|
| A. Brachet | *Dictionnaire étymologique de la langue franç. (*ouv. cour.*) | 8 fr. |
| Chennevières (de) | Aventures du petit roi saint Louis devant Bellesme | 5 fr. |
| Clavé (J.) | Principes d'économie politique | 2 fr. |
| Dubail | *Géogr. de l'Alsace-Lorraine | 1 fr. |
| Grimard (Ed.) | *La Botanique à la campagne | 5 fr. |
| Legouvé (E.) | *Petit Traité de la lecture | 1 fr. |
| Macé (Jean) | *Théâtre du Petit Château | 2 fr. |
| — | *Arithmétique du Grand-Papa (édit. pop.) | 1 fr. |
| Souviron | Dict. des termes techniques | 6 fr. |

## HISTOIRE, POÉSIE, VOYAGES, ROMANS, LITTÉRATURE FRANÇAISE ET ÉTRANGÈRE

### VOLUMES IN-18 A 3 FR.

| | | |
|---|---|---|
| Audeval............ | Les Demi-Dots.......... | 1 v. |
| — | La Dernière........... | 1 v. |
| Badin (Adolphe).... | Marie Chassaing........ | 1 v. |
| Bentzon (Th.)....... | Un Divorce............ | 1 v. |
| Lucie B............ | Une maman qui ne punit pas. | 1 v. |
| — | Aventures d'Edouard et justice des choses........... | 1 v. |
| Biart (Lucien)..... | Le Bizco............. | 1 v. |
| — | Benito Vasquez......... | 1 v. |
| — | La Terre chaude........ | 1 v. |
| — | La Terre tempérée...... | 1 v. |
| — | Pile et Face.......... | 1 v. |
| — | Les Clientes du Dr Bernagius. | 1 v. |
| Bixio (Beppa)...... | Vie du Général Nino Bixio. Traduction de l'Italien... | 1 v. |
| Cervantes.......... | Don Quichotte (trad. nouvelle par Lucien Biart)...... | 4 v. |
| Chamfort........... | (Édition Stahl)........ | 1 v. |
| Colombey........... | Esprit des voleurs...... | 1 v. |
| Daudet (Alphonse)... | Le Petit Chose......... | 1 v. |
| — | Lettres de mon moulin.... | 1 v. |
| Domenech (l'abbé)... | La Chaussée des Géants.... | 1 v. |
| — | Voyages et avent. en Irlande. | 1 v. |
| Durande (Amédée)... | Carl, Joseph et Horace Vernet. | 1 v. |
| Erckmann-Chatrian.. | **Le Blocus........... | 1 v. |
| — | **Le Brigadier Frédéric..... | 1 v. |
| — | Une Campagne en Kabylie.. | 1 v. |
| — | Confidences d'un joueur de clarinette........... | 1 v. |
| — | Contes de la montagne..... | 1 v. |
| — | Contes des bords du Rhin... | 1 v. |
| — | Contes populaires........ | 1 v. |
| — | Contes Vosgiens......... | 1 v. |
| — | *Le Fou Yégof.......... | 1 v. |
| — | La Guerre............ | 1 v. |
| — | Histoire d'un Conscrit de 1813. | 1 v. |
| — | Hist. d'un homme du peuple. | 1 v. |
| — | *Hist. d'un paysan, compl. en | 4 v. |
| — | *Histoire d'un sous-maître... | 1 v. |
| — | L'illustre docteur Mathéus.. | 1 v. |
| — | *Madame Thérèse......... | 1 v. |
| — | — *Edition allemande avec les dessins hors texte*, 1 v., 3 fr. | |
| — | *Maître Gaspard Fix....... | 1 v. |
| — | Le Grand Père Lebigre.... | 1 v. |

| | | |
|---|---|---|
| Erckmann-Chatrian. | La Maison forestière...... | 1 v. |
| — | Maître Daniel Rock...... | 1 v. |
| — | Waterloo............. | 1 v. |
| — | *Histoire du plébiscite...... | 1 v. |
| — | *Les Deux Frères........ | 1 v. |
| — | Souvenirs d'un ancien chef de chantier............ | 1 v. |
| — | L'ami Fritz, pièce...... | 1 v. |
| — | Le Juif polonais, pièce à 1 50. | 1 v. |
| Esquiros (Alph.)... | L'Angleterre et la vie anglaise. | 5 v. |
| Favre (Jules)...... | Discours du bâtonnat...... | 1 v. |
| Flavio.......... | Où mènent les chemins de traverse............ | 1 v. |
| Genevray........ | Une Cause secrète........ | 1 v. |
| Gordon (Lady)..... | Lettres d'Égypte........ | 1 v. |
| Gournot......... | Essai sur la jeunesse contemporaine............. | 1 v. |
| Gozlan (Léon)..... | Émotions de Polydore Marasquin............... | 1 v. |
| Gramont (comte de).. | Les Gentilshommes pauvres. | 1 v. |
| — | Les Gentilshommes riches.. | 1 v. |
| Janin (Jules)....... | La Fin d'un monde. Le neveu de Rameau........... | 1 v. |
| — | Variétés littéraires........ | 1 v. |
| Lavallée (Théophile). | Jean sans Peur......... | 1 v. |
| Muller (Eugène).... | La Mionette........... | 1 v. |
| Morale universelle. | Esprit des Allemands..... | 1 v. |
| — | — Anglais....... | 1 v. |
| — | — Espagnols...... | 1 v. |
| — | — Grecs........ | 1 v. |
| — | — Italiens....... | 1 v. |
| — | — Latins........ | 1 v. |
| — | — Orientaux...... | 1 v. |
| Officier en retraite (un) | L'Armée française en 1879. | 1 v. |
| Olivier (Juste)..... | Le Batelier de Clarens..... | 2 v. |
| Pichat (Laurent).... | Gaston............. | 1 v. |
| — | Les Poètes de combat..... | 1 v. |
| — | Le Secret de Polichinelle... | 1 v. |
| Poujard'hieu...... | Les Chemins de fer...... | 1 v. |
| — | La Liberté et les intérêts matériels............ | 1 v. |
| Princesse Palatine.. | Lettres inédites (trad. par Roland)............. | 1 v. |
| Quatrelles....... | Les Mille et une Nuits matrimoniales........... | 1 v. |
| — | Voyage autour du grand monde | 1 v. |
| — | La Vie à grand orchestre... | 1 v. |
| — | Sans Queue ni Tête...... | 1 v. |
| — | L'Arc-en-ciel.......... | 1 v. |

| | | |
|---|---|---|
| Quatrelles. . . . . . . | Petit Manuel du parfait Causeur parisien. . . . . . . . . | 1 v. |
| Rive (de la). . . . . . . | Souvenirs sur M. de Cavour.. | 1 v. |
| Robert (Adrien). . . . | Le Nouveau Roman comique. | 1 v. |
| Roqueplan . . . . . . . | Parisine . . . . . . . . . . . . | 1 v. |
| Sand (George) . . . . . | Promenades autour d'un village. . . . . . . . . . . . . . | 1 v. |
| De Sourdeval. . . . . | Le Cheval à côté de l'homme et dans l'histoire. . . . . . | 1 v. |
| Stahl (P.-J.). . . . . . . | LES BONNES FORTUNES PARISIENNES : | |
| | — Les Amours d'un pierrot. . | 1 v. |
| | — Les Amours d'un notaire . | 1 v. |
| — | Histoire d'un homme enrhumé. Voyage d'un étudiant . . . . | 1 v. |
| — | Histoire d'un Prince et Voyage où il vous plaira. . . . . . . | 1 v. |
| Texier et Kæmpfen. . | Paris capitale du monde . . . | 1 v. |
| Tourguéneff (J.) . . . | Dimitri Roudine. . . . . . . . | 1 v. |
| — | Fumée (préface de Mérimée) . | 1 v. |
| — | Une Nichée de gentilshommes. | 1 v. |
| — | Nouvelles moscovites . . . . . | 1 v. |
| — | Histoires étranges. . . . . . . | 1 v. |
| — | Les Eaux Printanières. . . . . | 1 v. |
| — | Les Reliques vivantes. . . . . | 1 v. |
| — | Terres vierges.. . . . . . . . . | 1 v. |
| Trochu (Général). . . . | Pour la vérité et pour la justice | 1 v. |
| — | La politique et le siège de Paris | 1 v. |
| Vallery Radot (René). | L'Étudiant d'aujourd'hui. . . | 1 v. |
| Wilkie Collins. . . . . | La Femme en blanc . . . . . . | 2 v. |
| — | Sans Nom. . . . . . . . . . . . | 2 v. |
| H. Wood (Mme). . . . | Lady Isabel . . . . . . . . . . | 2 v. |

## LIVRES IN-18 EN COMMISSION (3 FR.)

| | | |
|---|---|---|
| Anonyme. . . . . . . . | Mary Briant. . . . . . . . . . | 1 v. |
| Arago (Étienne). . . . . | Les Bleus et les Blancs. . . . | 2 v. |
| Baignières. . . . . . . . | Histoires modernes . . . . . . | 1 v. |
| — | Histoires anciennes. . . . . . | 1 v. |
| Bastide (A.). . . . . . . | Le Christianisme et l'esprit moderne . . . . . . . . . . . | 1 v. |
| Berchère . . . . . . . . | *L'Isthme de Suez . . . . . . | 1 v. |
| Boullon (E.). . . . . . | Chez nous . . . . . . . . . . . | 1 v. |
| Carteron (C.) . . . . . | Voyage en Algérie . . . . . . | 1 v. |
| Chauffour. . . . . . . . | Les Réformateurs du xvie siècle | 2 v. |
| Dollfus (Charles) . . . | La Confession de Madeleine. | 1 v. |
| Duvernet . . . . . . . . | La Canne de Me Desrieux . . . | 1 v. |
| Favier (F.) . . . . . . . | L'Héritage d'un misanthrope. | 1 v. |

## LIBRAIRIE GÉNÉRALE

| | | |
|---|---|---|
| GRENIER | Poèmes dramatiques. | 1 v. |
| HABENECK (Ch) | Chefs-d'œuvre du théâtre espagnol. | 1 v. |
| HUET (F.) | Histoire de Bordas Dumoulin. | 1 v. |
| LANGRET (A.) | Les Fausses Passions | 1 v. |
| LAVALLEY (Gaston) | Aurélien. | 1 v. |
| LAVERDANT (Désiré) | Don Juan converti | 1 v. |
| — | Les Renaissances de don Juan. | 2 v. |
| LEFÈVRE (André) | La Flûte de Pan | 1 v. |
| — | La Lyre intime. | 1 v. |
| — | Les Bucoliques de Virgile. | 1 v. |
| LESAACK (D') | Les Eaux de Spa. | 1 v. |
| NAGRIEN (X.) | Prodigieuse Découverte | 1 v. |
| RÉAL (Antony) | Les Atomes | 1 v. |
| SIMONIN (Louis) | Les Pays lointains | 1 v. |
| STEEL | Haôma | 1 v. |
| VALLORY (M<sup>me</sup>) | A l'aventure en Algérie. | 1 v. |
| WORMS DE ROMILLY | Horace (traduction). | 1 v. |

## LIVRES EN COMMISSION

### Prix divers

| | | |
|---|---|---|
| ANONYME | Le Prisme de l'âme. | 6 fr. |
| — | Mademoiselle Segeste. | 2 fr. |
| — | Rome. | 6 fr. |
| ANTULLY (Albéric d') | Fantaisie. | 2 fr. |
| BRUIÈRE (S.) | Une Saison en Allemagne. | 1 fr. |
| GUIMET (Emile) | L'Orient d'Europe au fusain, in-18 | 2 fr. |
| — | Esquisses scandinaves, 1 vol. in-18 | 3 fr. |
| — | Aquarelles africaines. | 2 50 |
| LAVERDANT (Désiré) | Appel aux artistes | 1 fr. |
| PAULTRE (E.) | Capharnaüm. | 6 fr. |
| PIRMEZ | Jours de solitude, 1 vol. in-8. | 6 fr. |
| RAYNALD | *Histoire de la Restauration. | 5 fr. |
| RIVE (DE LA) | Souvenir de M. de Cavour. | 6 fr. |
| SCHNÉEGANS (A.) | Contes. 1 vol. in-18 | 2 fr. |

# LIBRAIRIE J. HETZEL ET Cⁱᵉ
## BIBLIOTHÈQUE D'ÉDUCATION ET DE RÉCRÉATION

### VOLUMES IN-18
Brochés, **3 fr.** — Cartonnés toile, tranches dorées, 4 fr.

| | vol. | | vol. | | vol. |
|---|---|---|---|---|---|
| ...ÈRE (A.-M.). Journal et Corr. | 1 | Hugo (V.). Les Enfants | | Stahl (P.-J.). Maroussia. | |
| ...dersen. Nouv. Contes suéd. | 1 | Immermann. La blonde Lisbeth | | — Les quatre filles du docteur Mar... | |
| ...on (G.). L'Ami Kips.. | 1 | Laprade (de). Livre d'un père. | 1 | | |
| ...ston. Yette | 1 | Lavallée (Th.). Hist. Turquie. | 2 | St.-B... (P.-J.) et de Wailly. Riquet et Madeleine. | |
| ...trand (J.). Les Fondateurs de l'astronomie | 1 | Legouvé (E.). Pères et Enfants — Conférences parisiennes. | 2 1 | — Mary Bell, William et... | |
| ...art (L.). Jeune naturaliste. | 1 | — Nos Filles et nos Fils.. | 1 | Stahl et Muller. Le nouveau Robinson suisse... | |
| Entre frères et sœurs | 1 | — L'Art de la lecture | 1 | | |
| Monsieur Pinson | 1 | — La Lecture en action | 1 | Susane. Hist. de la cavalerie. | |
| La Frontière indienne | 1 | Lockroy. Contes à mes nièces. | 1 | Thiers. Histoire de Law. | |
| ...ndy. Le Petit Roi | 1 | Macaulay. Histoire et Critique | 1 | Vallery Radot (René)... nal d'un volontaire de... | |
| ...ssonnas (Mᵐᵉ B.). Une Famil. pendant la guerre 1870-71. | 1 | Macé (Jean). Bouchée de pain. — Les Serviteurs de l'estomac | 1 1 | Verne (J.). Capitaine Hat... | |
| ...achet (A.). Grammaire historique (ouvr. couronné).. | 1 | — Contes du petit château. — Arithmétique du grand-papa | 1 1 | — Enfants du capitaine Grant — Autour de la lune | |
| ...bat (de). Petit Parisien. | 1 | Maury (comm.). Géogr. phys. | 1 | — 3 Russes et 3 Anglais. | |
| Aventures de Charlot | 1 | — Le Monde où nous vivons. | 1 | — Cinq Semaines en ballon | |
| ...ndèze. Avent. d'un grillon. | 1 | Muller (E.). La Jeunesse des hommes célèbres | 1 | — De la Terre à la Lune. — Découverte de la terre. | |
| La Gileppe | 1 | — Morale en action par l'hist. | 1 | — Grands navigateurs | |
| ...rlen (E.). Un Brill. mariage. | 1 | Noël (E.). La Vie des Fleurs. | 1 | — Voyageurs du XIXᵉ siè... | |
| ...azel (P.). Chalet des sapins. | 1 | Ordinaire. Dict. de myth. | 1 | — Le Pays des fourrures. | |
| ...erville (de). Histoire d'un trop bon chien | 1 | — Rhétorique nouvelle Ratisbonne (L.). Comédie enfantine (ouvr. couronné). | 1 1 | — Tour du monde en 80 jours — 20 000 lieues sous les mers | |
| ...ément (Ch.). Michel-Ange, Raphaël, etc | 1 | Reclus (E.). Hist. d'un ruisseau — Hist. d'une montagne | 1 1 | — Voyage au centre de la terre — Une Ville flottante. | |
| ...quet. Hist. de mon oncle. | 1 | Renard. Le Fond de la mer. | 1 | — Le docteur Ox | |
| ...snoyers (L.-J.-P.). Choppart | 1 | Roulin (F.). Histoire naturelle | 1 | — Le Chancellor | |
| ...rand (Hip.). Grands Poètes. Les Grands Prosateurs | 1 1 | Sandeau. Roche aux mouettes Sayous. Conseils à une mère. | 1 1 | — L'Ile mystérieuse — Michel Strogoff | |
| ...ger. Histoire du Livre | 1 | — Principes de littérature | 1 | — Les Indes-Noires | |
| ...ckm.-Chatrian. L'Invasion. | 1 | Simonin. Histoire de la terre. | 1 | Hector Servadac | |
| Madame Thérèse | 1 | Stahl (P.-J.). Contes et Récits | | — Un Capitaine de 15 ans. | |
| Hist. d'un paysan (compl.). | 4 | de morale familière (ouvrage couronné) | 1 | — 500 millions de la Bégum | |
| ...th (G.). Un drôle de voyage. | 1 | — Hist. d'un âne et de deux | | — Tribulations d'un Chinois | |
| ...cou. Histoire du travail. | 1 | jeunes filles (ouvr. cour.). | 1 | — La Maison à Vapeur | |
| ...n (M.). La Famille Martin. | 1 | — Famil. le Chester | 1 | — La Jangada | |
| ...amont (Cᵗᵉ de). Les Vers français et leur Prosodie. | 1 | — Les Patins d'argent — Mon 1ᵉʳ voyage en mer | 1 1 | Zurcher et Margollé. Tempêtes | |
| ...atiolet (P.). Physionomie. | 1 | — Histoires de mon parrain | 1 | — Histoire de la navigation | |
| ...mard. Hist. goutte de sève. Jardin d'acclimatation | 1 1 | | | — Le Monde sous-marin | |
| ...ppeau (Mᵐᵉ). Économ. domest. | 1 | | | | |

### SÉRIE DES VOLUMES IN-18, AVEC GRAVURES
Brochés, **3 fr. 50.** — Cartonnés, tr. dorées, 4 fr. 50

| | vol. | | vol. | | vol. |
|---|---|---|---|---|---|
| ...quez. Histoire de France. | 1 | Mayne-Reid. Le Désert d'eau. | 1 | Mickiewicz (Adam). Hist. populaire de la Pologne | |
| ...doin ed. Cosmographie. | 1 | — Le Petit Loup de Mer | 1 | Mortimer. D'Ocagne. Grandes Écoles | |
| ...rtrand (Alex.). Lettres sur les révolutions du globe.. | 1 | — Les Jeunes Esclaves. — Les Chasseurs de girafes | 1 1 | | |
| ...bisson (B.). Un vaincu | 1 | — Naufragés de l'île de Bornéo | 1 | Nodier (Ch.). Contes choisis | |
| ...rand. Hᵗᵉ d'une chandelle | 1 | — La Sœur perdue | 1 | Parville (de). Un habitant de la planète Mars | |
| ...ranke (J.). Vie des enfants | 6 | — Planteurs de la Jamaïque. | 1 | | |
| ...irtz. Mᵉˡˡᵉ. Méthode de coupe et de confection | 1 | — Les deux Filles du squatter. — Les Jeunes voyageurs | 1 1 | Silva (de). Livre de Maur... Susane. Histoire de l'artill... | |
| ...avallée (Th.). Les Frontières de la France | 1 | — Robinsons de terre ferme. — Chasseurs de chevelures | 1 1 | Tyndall. Dans les montagnes Wentworth. Histoire des États-Unis | |
| ...ayne-Reid. William le Mousse | 1 | — Chef au bracelet d'or | 1 | | |

### SÉRIE IN-18. — PRIX DIVERS

| | fr. | | fr. | | fr. |
|---|---|---|---|---|---|
| Brachet. Dictionnaire étymologique (ouvrage couronné) | 8 | Clavé (J.). Économie politique Grimard (Ed.). La Botanique à la campagne | 2 5 | Macé (Jean). Arithmétique du grand-papa (éd. p...) — Morale en action | |
| Genevières (de). Aventures du petit saint Louis | 5 | Legouvé (E.). Petit Traité de lecture | 1 | Petit Arsène. Grammaire de la ponctuation | |
| ...bail. Géographie de l'Alsace-Lorraine | 1 | Macé (Jean). Théâtre du petit château | 2 | Souviron. Dict. des termes techniques | |

Paris. — Imp. Gauthier-Villars.

www.ingramcontent.com/pod-product-compliance
Lightning Source LLC
Chambersburg PA
CBHW062009180426
43199CB00034B/1751